István Fodor

Das Elektrizitätswerk der Budapester allgemeinen

Elektrizitäts-AG zu Budapest

István Fodor

Das Elektrizitätswerk der Budapester allgemeinen Elektrizitäts-AG zu Budapest

ISBN/EAN: 9783743614000

Hergestellt in Europa, USA, Kanada, Australien, Japan

Cover: Foto ©ninafisch / pixelio.de

Weitere Bücher finden Sie auf **www.hansebooks.com**

Das Elektrizitätswerk

der

Budapester Allgemeinen Elektricitäts-Actien-Gesellschaft

zu

BUDAPEST.

Mit 22 Abbildungen und 3 Tafeln.

Von

ETIENNE DE FODOR

Direktor des Elektrizitätswerkes.

BERLIN 1893.

BUCHDRUCKEREI ULLSTEIN & Co.

Inhalts·Verzeichnis.

Text.

Illustrationen.

EINLEITUNG.

m Jahre 1892 eröffnete die Haupt- und Residenzstadt Budapest einen Wettbewerb um die Einführung der elektrischen Beleuchtung, stellte jedoch die Bedingung, dass die Maschinen-Zentrale ausserhalb des inneren Stadtgebietes angelegt werde. An dieser Ausschreibung waren vier Konkurrenten beteiligt, von denen drei den Konsumenten Gleichstrom liefern wollten, während der vierte reinen Wechselstrom vorschlug. Daraufhin bewilligte die Stadt zwei Konzessionen, die eine für Gleichstrom, die andere für Wechselstrom.

Die Gleichstrom-Konzession wurde der **Allgemeinen Österreichischen Gasgesellschaft** mit der Bedingung erteilt, dass sie in Budapest eine selbständige ungarische Elektrizitäts-Gesellschaft gründe. Unter denselben Bedingungen erhielt die Firma Ganz & Co. eine Konzession für die Wechselstrom-Zentrale.

Die betreffenden Verträge wurden im Mai 1893 abgeschlossen und zwar mit einem Bautermin bis Sommer 1894. Beide Gesellschaften beeilten sich aber mit der Fertigstellung ihrer Anlagen derart, dass die Eröffnung derselben schon Ende Oktober 1893 stattfinden konnte.

Die Allgemeine Österreichische Gasgesellschaft gründete die „**Budapester Allgemeine Elektricitäts-Actien-Gesellschaft**" zum Bau und Betrieb eines Elektrizitätswerkes, welches sich seither in Fachkreisen den Ruf einer Musteranlage erworben hat. Die hauptsächlichsten Einrichtungen allen Interessenten, Behörden wie Privaten, welche den Bau ähnlicher Anlagen planen, zugänglich zu machen, ist die Aufgabe dieses Buches. Der bauliche Teil ist von dem **Bauunternehmer Josef Pucher in Budapest**, die maschinelle Einrichtung, sowie der ganze elektrische Teil von der **Elektrizitäts-Aktiengesellschaft vormals Schuckert & Co. in Nürnberg** ausgeführt.

System der Stromverteilung.

Bei dem Bau des Elektrizitätswerkes waren, wie in der Einleitung bemerkt, zwei wesentliche Vorbedingungen zu erfüllen, nämlich:

Die Anlage der *Maschinen ausserhalb des Stadtgebietes* und

Die Lieferung von *Gleichstrom an die Konsumenten.*

Diesen Bedingungen entsprach in einfachster und rationellster Weise folgendes System:

In der entlegenen Zentrale wird elektrischer Strom von hoher Spannung und geringer Stärke erzeugt, welcher in verhältnismässig dünnen und billigen Kabeln ohne erhebliches Leitungsgefälle weit fortgeleitet werden kann. Dieser sogenannte Primärstrom wird möglichst bis zur Mitte des Konsumgebietes geleitet und dort durch rotierende Umformer auf geringe, für den Gebrauch geeignete Spannung und entsprechend grössere Stärke gebracht. Dieser sogenannte Sekundärstrom wird den Abonnenten durch ein Verteilungsnetz zugeführt, welches weiter unten beschrieben ist.

Als Primärstrom wurde zweifacher Wechselstrom genommen, weil einerseits bei sehr hoher Spannung die Stromabgeber an Gleichstromdynamos und Motoren nicht für so sicher gelten wie die Schleifringe von Wechselstrommaschinen, weil andrerseits beim zwei- oder mehrfachen Wechselstrom die motorische Übertragung sicherer und gleichmässiger ist als beim einfachen.

Die rotierenden Umformer bestehen demnach aus Zweiphasenstrommotoren und direkt angekuppelten Gleichstromdynamos. Die letzteren sind parallel zu Akkumulatoren geschaltet, wodurch sowohl die Stromerzeugung, als auch die Fortleitung viel gleichmässiger und demzufolge ökonomischer wird, als wenn der Maschinenbetrieb dem stets wechselnden Bedarf folgen muss und dann nur an den Winterabenden die normale Höhe erreicht, in den übrigen Tages- und Jahreszeiten aber zu wenig beansprucht wird und auch in der Nacht trotz des sehr geringen Bedarfes nicht ruhen kann.

Umformer, Akkumulatoren und Apparate für diese und das Verteilungsnetz bilden so zu sagen eine Unterstation, welche aber die Umgebung weder durch Geräusch, noch durch Rauch, noch durch An- und Abfuhr von Brennmaterialien, Asche und Schlacken belästigt. Die Umformer beanspruchen wenig Raum, die Akkumulatoren werden in mehreren Stockwerken übereinander gesetzt. Demzufolge ist das Gebäude verhältnismässig klein und billig, der Grunderwerb ohne Bedeutung.

Dies sind im wesentlichen die Grundzüge des ausgeführten Systemes, welches von dem sachverständigen Berater der Gasgesellschaft, dem **Geheimen Hofrat und Professor** an der technischen Hochschule zu Darmstadt, Herrn **Dr. Kittler**, genehmigt wurde und sich, wie das verflossene Betriebsjahr 1894 gezeigt hat, nicht nur in technischer, sondern auch in ökonomischer Beziehung auf das beste bewährt hat.

Entwickelung des Werkes.

Eine der interessantesten Erscheinungen war im ersten Betriebsjahre das ungeahnt rapide Anwachsen des Konsums, welches die anfänglichen Berechnungen weit überholte und den besten Beweis dafür liefert, dass das Publikum, trotz des Konkurrenz-Unternehmens, die Vorzüge des Gleichstromes zu würdigen weiss.

Der Zuwachs des Strombedarfes ist in dem Diagramm Seite 44 veranschaulicht. In Zahlen ausgedrückt, stieg die abgegebene Strommenge:

Im August 1894 um 19,7% über den Verbrauch des vorhergehenden Monats
„ September „ „ 44,3% „ „ „ „ „
„ Oktober „ „ 32,1% „ „ „ „ „
„ November „ „ 31,5% „ „ „ „ „
„ Dezember „ „ 17,1% „ „ „ „ „

Im ganzen Jahre, vom Januar zum Dezember, auf das Dreifache.

Zufolge des steigenden Strombedarfes musste bald nach Vollendung der ersten Anlage eine Erweiterung in Angriff genommen werden. Aber auch hiermit war der Ausbau des Werkes nicht abgeschlossen, denn nach kurzer Zeit mussten die ursprünglich als Reserve bestimmten Betriebsmittel zur Stromlieferung herangezogen werden. Das neue Betriebsjahr 1895 musste daher wiederum eine Erweiterung der Anlage bringen.[1]

Die finanziellen Ergebnisse des Betriebsjahres 1894 sind trotz des schwierigen Standes, welchen jede neue Unternehmung zu Anfang findet, und trotz der fortwährenden Montagearbeiten zufriedenstellend, so dass das Werk in jeder Beziehung als auf gesunder Basis stehend und einer sicheren Entwickelung entgegengehend anzusehen ist.

Nachdem wir so das Elektrizitätswerk in grossen Zügen charakterisiert haben, können wir übergehen zur

Beschreibung der Anlage,

der einzelnen Teile und der ganzen Disposition nach den Plänen der Firma **Schuckert & Co.** in **Nürnberg.**

Die Maschinen-Zentrale ist von der Unterstation ungefähr 3,5 km entfernt, in der Nähe der äusseren Waitznerstrasse angelegt und von verschiedenen Fabriken umgeben. Das ursprüngliche Gebäude enthält einen Maschinensaal von 24,5 m Länge und 13 m Breite für 3 Dampfdynamos von je 500 PS und die Schalttafel, ferner ein Kesselhaus von 19,5 m Länge und 12,5 m Breite, daneben eine besondere Abteilung für die Speisewasserreinigung, endlich einen 15,7 m langen und 10,2 m breiten Saal für die Lokomobilen-Anlage. Ausserdem sind Bureaus und Wohnungen für das Betriebspersonal, eine Reparaturwerkstätte, eine Schreinerwerkstätte, ein Badezimmer, Magazine für Öl und Schmiermaterial, Werkzeuge und andere Utensilien, ein Raum für die Ölreinigung u. s. w. vorhanden.

Ausserhalb des Gebäudes befindet sich der Schornstein, das Gradierwerk, ein Kohlenschuppen mit Wage, sowie ein Häuschen für den Portier.

[1] Diese zweite Erweiterung ist inzwischen nahezu vollendet. Die hierbei vorgenommenen Änderungen und Neuerungen werden Gegenstand einer späteren Beschreibung sein.

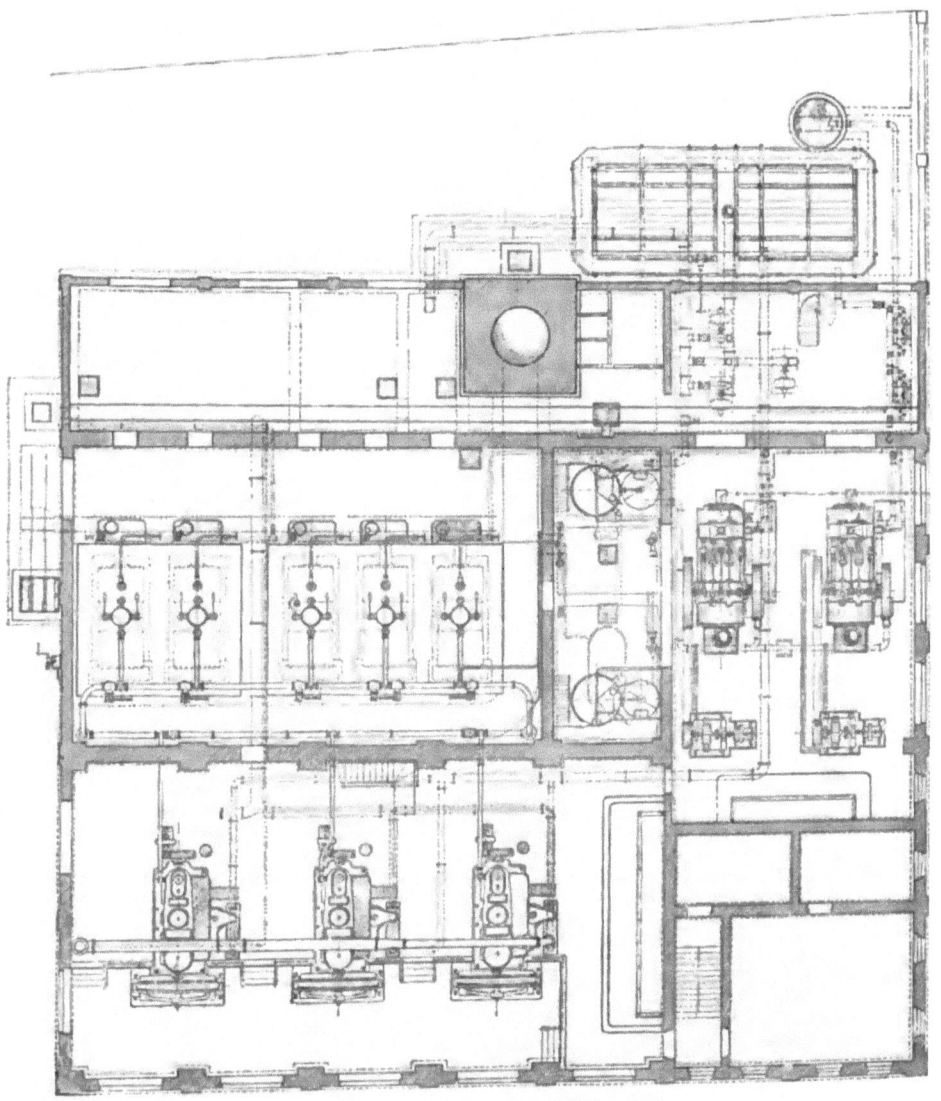

Figur 1. Grundriss der **Maschinenzentrale Budapest.**

Die Kesselanlage

umfasste ursprünglich drei Doppeldampfraum-Tischbeinkessel von je 150 qm Heizfläche für 11 Atmosphären Betriebsdruck, hergestellt von der Firma **Joseph Eisele in Budapest.** Jeder Kessel besteht aus einem Unterkessel mit 1 Wellblech-Feuerrohr und aus einem Oberkessel mit 108 Siederohren.

Der Oberkessel ist 4200 mm lang und hat 1900 mm im Durchmesser.

„ Unterkessel „ 4850 „   „   „ „ 2000 „   „   „

Die Flammrohre haben 1100 bezw. 1200 mm im Durchmesser.

Für die Kesselböden ist Martinstahlbördelblech bester Qualität, für die Wellblech-Feuerrohre Schweisseisen der Gewerkschaft Schulz-Knaudt in Essen a. R. verwendet.

Die Heizfläche des Feuerrohres beträgt 16,5 qm, des Unterkesselmantels 19,5 qm. Die Gesamtrostfläche ist 2,28 qm, d. i. $\frac{1}{65}$ der Heizfläche; die freie Rostfläche beträgt ungefähr 45 % der gesamten.

Die Dampfräume des Ober- und Unterkessels sind durch 2 Stück 200 mm weite Kommunikationsstutzen mit einander verbunden, die Wasserräume durch ein 70 mm weites Abfallrohr, dessen obere Öffnung im Niveau des mittleren Wasserstandes des Oberkessels liegt, so dass das überschüssige Speisewasser nach dem Unterkessel ablaufen kann.

Die Rauchgase ziehen durch das Feuerrohr nach den Siederohren, bestreichen darauf die Kesselmäntel in drei Windungen und gelangen durch die Rauchschieber in den Fuchs, welcher 1500×3200 mm im Lichten hat.

Garantiert waren für jeden Kessel eine normale Dampferzeugung von 10—12 kg pro qm wasserberührter Heizfläche und Stunde, ferner 7,5 kg trockener Dampf pro kg Kohle von 6800 Kalorien.

Die Abnahme ergab für 1 kg Kohle von 7425 Kalorien, bei einer Beanspruchung mit 11,6 kg Dampf pro qm wasserberührter Heizfläche, 8,95 kg trockenen Dampf; dabei sind die Rückstände an Kohlen und Schlacken in Abzug gebracht. Rechnet man dagegen den gesamten Kohlenverbrauch, einschliesslich Schlacken und Rückstände, so stellt sich die Verdampfungsfähigkeit der Kessel auf 8,5. Dies ergiebt eine Mehrleistung von 15 % bei rund 10 % grösserem Heizwerte der verbrannten Kohle.[1]

Die Kesselanlage wurde im Oktober 1894 vergrössert um zwei Steinmüller-Kessel von je 151,6 qm Heizfläche, welche ebenfalls von der Firma Josef Eisele in Budapest hergestellt sind (siehe die Dispositionszeichnung Seite 7). Der Unterkessel ist bei denselben ein Rohrsystem, bestehend aus zwei geschweissten Wasserkammern und 100 Wasserrohren von 95 mm äusserem Durchmesser und 5000 mm Länge, welche in je 10 horizontalen und vertikalen Reihen angeordnet und mit dem Oberkessel vorn und hinten durch zwei geschweisste Stutzen verbunden sind. Das vordere Ende des Unterkessels ist fest gelagert, das hintere Ende auf Rollen, so dass sich die Rohre der Temperatur entsprechend frei ausdehnen können.

Die Neigung des Rostes und der Rohre ist gleich. Die Gesamtrostfläche beträgt 2,7 qm oder $\frac{1}{56}$ der Heizfläche, die freie Rostfläche etwa 45 % der ganzen.

Die Rauchgase bestreichen das Rohrsystem in vertikaler Richtung in vier Windungen. Der Oberkessel wird von den Feuergasen nicht berührt und ist durch Korksteinplatten nach aussen isoliert. In demselben befindet sich oben ein perforiertes Rohr für die Dampfentnahme, darunter eine Wasserabscheidevorrichtung, welche aus einem viereckigen, vorn offenen Kasten mit durchlöchertem Boden, einem Wasserableitungsrohre und einem Dampfrohre besteht. Das vorn aus dem Rohrsystem aufsteigende Dampf- und Wassergemisch ergiesst sich in den Kasten, nachdem der grösste Teil des Wassers schon durch das Wasserableitungsrohr abgelaufen ist; das übrige Wasser fliesst durch den durchlochten Boden, während der Dampf durch die vordere Öffnung des Kastens in den Dampfraum des Oberkessels gelangt und durch das perforierte Rohr zum Dampfentnahme-Ventil strömt.

---

[1] Bei den Abnahmeversuchen wurden in 8 Stunden und 3 Minuten 3285,5 kg, also pro Stunde ca. 408 kg Kohle verfeuert. Die Rückstände an Asche und Schlacken beliefen sich auf 145 kg, also etwa 4,5 % des gesamten Kohlenverbrauches. Der Wasserverbrauch stellte sich auf 28152, oder 3490 kg pro Stunde. Hieraus lässt sich ableiten:

Verdampfungsfähigkeit der Kessel $\frac{28152}{3289 \cdot 145} = 8,95$.

Beanspruchung pro qm wasserberührter Heizfläche und Stunde $\frac{3490}{300} = 11,6$ kg.

Beanspruchung pro qm Rostfläche und Stunde $\frac{408}{2 \times 2,28} = 89,5$.

Temperatur der Rauchgase im Mittel 282° C.

Kohlensäure-Gehalt der Rauchgase im Mittel (aus 9 Analysen) 9,95 %.

Das Speisewasser wird dem Oberkessel zugeführt und ergiesst sich auf einen eingehängten Speiseteller, auf welchem es sich verteilt und rasch die hohe Temperatur des Oberkessels annimmt; dabei werden die in dem Wasser enthaltenen mineralischen Bestandteile, wie Kalksalze u. s. w. gleich im Oberkessel ausgeschieden, an dessen Boden abgelagert und durch die Wasserzirkulation nach dem Schlammsammler gebracht, von wo sie zeitweilig ausgeblasen werden. Damit der Schlamm nicht in das Rohrsystem gelangen kann, ist ein Schlammfänger hinter dem Schlammsammler angebracht.

Die Steinmüller-Kessel sollten nach der Garantie bei normaler Belastung pro kg Kohle von mindestens 6800 Kalorien Heizwert 7,5 kg trockenen Dampf, ausserdem pro qm wasserberührter Heizfläche und Stunde (bei einer Temperatur des Speisewassers von 35° C) normal 11 und maximal 15 kg trockenen Dampf von 11 Atmosphären liefern.[1]

Zur Anlage gehören endlich zwei von der Firma R. Wolf in Magdeburg-Buckau gelieferte Lokomobilen, deren Kessel für einen Arbeitsüberdruck von 7 Atmosphären gebaut sind. (Siehe Abbildung Seite 11.) In jedem Kessel befindet sich ein ausziehbares System von 130 Heizröhren mit 63,5 mm äusserem Durchmesser. Die Kessellänge beträgt 5000 mm, der mittlere Durchmesser 1850 mm, der Durchmesser der Feuerbüchse 1250 mm; die wasserberührte Heizfläche stellt sich auf je 80,1 qm, die Rostfläche auf je 1,5 qm. Die Wandung ist aussen mit einem doppelten Wärmeschutzmantel umgeben. Über der Rauchkammer befindet sich ein eiserner Schornstein von 500 mm Lichtweite und 16 m Höhe.

Garantiert war für Kohlen von mindestens 6000 Kalorien Heizwert ein Verbrauch von höchstens 1,15 kg pro Indikatorpferd und Stunde im normalen Betriebe.[2]

Zur Ablagerung der Kohle dient ein Schuppen von 120 qm Grundfläche, aus welchem ein Geleise direkt in's Kesselhaus führt. Die zu verfeuernde Kohle wird zuvor auf einer in's Geleise eingeschalteten Wage gewogen; ebenso werden täglich Schlacke und Asche auf einem schmalen Geleise im Keller nach dem Aschenaufzug befördert und gewogen.

[1] Die Verdampfungsversuche an diesen Kesseln ergaben folgende Resultate:

Im Ganzen wurden verdampft: laut Wasserzähler 18940, nach Bassendimensionen berechnet 18778, im Mittel 18859 l.

Temperatur des Speisewassers zu Beginn des Versuches . . . . 48° C.

um 10 Uhr . . . . 49° „
„ 11 „ . . . . 53° „
„ 12 „ . . . . 55° „
„ 1 „ . . . . 58° „
„ 2 „ . . . . 63° „
„ 3 „ . . . . 63° „

Verfeuerte Kohlenmenge mit Anheizen . . . . 3375 kg
„ „ ohne „ . . . . 2401 „
Rückstände an Asche und Schlacke während des Versuches . . . . . 287 „
Verdampfung mit Anheizen . . . . 5,5 fach
„ „ ohne „ . . . . 7,8 „
„ „ „ nach Abzug der Rückstände . . . . . . 8,5 „
Mittlerer Überdruck des Dampfes . . . . 10,8 Atmosphären
Beanspruchung der Kessel pro qm wasserberührter Heizfläche und Stunde . 10,5 kg
Beanspruchung der Kessel pro qm Rostfläche . . . . „ „ . 74 „
Kondenswasser aus dem Wasserabscheider im Kesselhause 315 kg oder 1,8 % der insgesamt verdampften Wassermenge.
Die verfeuerte Kohle war Ostrauer Würfelkohle bester Qualität.

[2] Die Abnahmeversuche ergaben:

Beanspruchung der beiden Lokomobilen zusammen . . . . . . 229 PSe
Kohlenverbrauch in 6 Stunden . . . . 1464 kg
Elektrische Energiemenge pro kg Kohle am Schaltbrett der Primärstation . 600 Wattstunden
„ „ am Schaltbrett der Verteilungsstation 485 „
Verdampfte Wassermenge . . . . 10848 kg
Verdampfungsfähigkeit der Lokomobil-Kessel . . . . $\frac{10848}{1464}$ = 7,18
Heizwert der verbrannten Kohle . . . . 7425 Kalorien
Mittlere Dampfspannung . . . . 6,82 Atmosphären
Beanspruchung pro qm Heizfläche und Stunde . . . . 11,1 kg
Kohlenverbrauch pro PSe und Stunde . . . . 1,08 „

Die verfeuerte Kohle war zum grössten Teile Ostrauer Nuss- und Würfelkohle, in geringen Quantitäten Ostrauer Kleinkohle, schlesische Georgs- und Ia Wildensteinsegen-Kohle.

Zum Vorwärmen des Speisewassers ist im zugehörigen Bassin eine Heizschlange angebracht, in welche die Auspuffleitungen der Speisepumpen und einer kleinen 35pferdigen Dampfmaschine einmünden.

Die Kessel lieferten Dampf von durchschnittlich 11 Atmosphären Überdruck, sie wurden mit 7—8 Atmosphären abgestellt und zeigten am nächsten Tage beim Anheizen noch 6—7 Atmosphären. Trotz der grossen Beanspruchung in den Wintermonaten wurde der Kesselbetrieb täglich mit einer Arbeitsschicht durchgeführt.

Figur 3. Lokomobilen-Anlage.

Besondere Erwähnung verdient der Schornstein. Derselbe hat eine Höhe von 37 m, dazu kommen 8 m hohe Fundamentierungsmauern, so dass die Höhe der Rauchröhre 45 m beträgt. Der lichte Durchmesser ist oben 2,50 m, unten 3,40 m. Die unterste Wandstärke beträgt 50 cm, die oberste 21 cm. Der Schornstein ist aus Radialformsteinen gebaut; als Bindemittel dient Kalkmörtel mit Zusatz von Prima Portlandzement; das Mischungsverhältnis mit Sand ist 1 : 2 : 5. Die äusseren Mauerfugen sind ausgeglättet, die Innenwandungen ganz schwach verputzt, so dass die Mörtelfugen gerade ausgeglättet erscheinen. Stärkerer Mauerputz würde der nie gleichmässigen, stets wechselnden Temperatur der aufsteigenden Rauchgase nicht Stand halten. Der Verband im Mauerwerk ist sehr innig; die Lager und Stossfugen sind sehr enge, da die Form- bezw. Radialsteine für alle Lagen genau passend angefertigt wurden, also nicht zu behauen waren. Dadurch ist die Festigkeit des Mauerwerks wesentlich erhöht und die Aussenfläche glatt und schön geworden.

Der Aufbau erfolgte von innen und zwar mit beweglichen, verstellbaren Krahnen auf Rüsteisen, welche zwischen den Fugen quer durchgelegt wurden. In der ganzen Höhe des Kamins sind in Abständen von 30—40 cm Steigeisen eingemauert.

Die Ausführung des Schornsteines wurde vom Bauunternehmer an den Baumeister Jos. Houzer in Nürnberg übertragen. Die Festigkeitsberechnung ergab als grösste Druckspannung 6,45 kg, als grösste Zugspannung 0,33 kg pro qcm und eine annähernd dreifache Sicherheit gegen Umstürzen.

Die unerwartet rasche Zunahme der Abonnenten im letzten Quartale des verflossenen Betriebsjahres stellte an die Kessel grosse Anforderungen. Wie aus Tabelle I ersichtlich, betrug die Betriebszeit

für Kessel I monatlich 22 Betriebstage zu 13,7 Stunden
„ Kessel II „ 21 „ „ 13,5 „
„ Kessel III „ 21 „ „ 14,4 „
„ Kessel IV „ 24 „ „ 14,7 „
„ Kessel V „ 24 „ „ 14,8 „
für Lokomobile I monatlich 12 Betriebstage zu 10,8 Stunden
„ „ II „ 17 „ „ 9,2 „

Die stärkste Inanspruchnahme hatten die Lokomobilkessel während der ersten Betriebsmonate, Januar und Februar, aufzuweisen, wo sie noch allein die ganze Stromproduktion besorgten und manchmal über 18 Stunden hinter einander im Betriebe waren. In den Sommermonaten dagegen standen die Lokomobilen ganz still, mussten aber am Ende des Betriebsjahres wieder zur Mithilfe herangezogen werden.

Die übrigen Kessel hatten ihre längste Betriebszeit im Dezember mit 16 Stunden täglich, die geringste im Juli mit 4,5 Stunden täglich.

Tabelle I. Betriebszeit der Kessel und Lokomobilen.

Monat	Kessel I. Betriebstage	Betriebsstunden im ganzen Monate	an einem Tage	Kessel II. Betriebstage	Betriebsstunden im ganzen Monate	an einem Tage	Kessel III. Betriebstage	Betriebsstunden im ganzen Monate	an einem Tage	Kessel IV. Betriebstage	Betriebsstunden im ganzen Monate	an einem Tage	Kessel V. Betriebstage	Betriebsstunden im ganzen Monate	an einem Tage	Lokomobile I. Betriebstage	Betriebsstunden im ganzen Monate	an einem Tage	Lokomobile II. Betriebstage	Betriebsstunden im ganzen Monate	an einem Tage
Januar	—	—	—	—	—	—	—	—	—	—	—	—	—	—	—	31	533	17,2	31	561	17,8
Februar	3	35	11,5	—	—	—	—	—	—	—	—	—	—	—	—	25	423	17	25	421	16,9
März	13	125	9,5	27	259	9,5	22	212	9,5	—	—	—	—	—	—	12	40	3,3	1	3	3
April	10	95	9,5	29	257	8,9	21	169	8	—	—	—	—	—	—	6	18	3	4	14	3,5
Mai	28	230	8	22	180	8	13	129	9,9	—	—	—	—	—	—	1	4	4	1	4	4
Juni	29	196	6,7	11	86	7,8	19	108	5,7	—	—	—	—	—	—	—	—	—	—	—	—
Juli	10	49	4,9	31	193	6,2	21	143	6,6	—	—	—	—	—	—	—	—	—	—	—	—
August	18	126	7	12	81	6,8	22	155	7	—	—	—	—	—	—	5	82	16,4	5	82	16,4
September	25	244	9,8	16	169	10,5	25	216	8,6	—	—	—	—	—	—	14	104	7,4	5	72	14,4
Oktober	22	296	13,5	23	301	13	24	296	12	—	—	—	—	—	—	13	167	13	16	181	11,3
November	22	308	14	24	338	14	17	253	15	18	274	15	18	264	14,7	10	105	10,5	22	201	9,1
Dezember	21	289	13,7	15	203	13,5	22	353	16	30	434	14,5	30	446	14,9	14	125	8,9	12	87	7,2
	301	1992	—	210	2067	—	207	2034	—	48	708	—	48	710	—	131	1601	—	122	1613	—

Von der im Ganzen verfeuerten Kohle waren ca. 11 % zum Anheizen nötig. Der Verlust an Schlacke stellte sich auf 6,7 %, an Asche auf 2,7 %.

Über die Verdampfung wird genaue Statistik geführt. Bei Bestimmung derselben wird die ganze während eines Betriebstages verfeuerte Kohlenmenge einschliesslich Anheizen und Rückstände gerechnet. In der nachfolgenden Tabelle sind die Ergebnisse eines Monats zusammengestellt.

Tabelle II. Kohlenverbrauch und Verdampfungsfähigkeit.

Tag	Verfeuerte Kohle einschliesslich Anheizen und Rückstände Kilogr.	Verdampfte Wassermenge		Rückstände in °/° der verfeuerten Kohle		Betriebszeit aller Kessel zusammen Stunden
		im Ganzen Liter	pro kg Kohle Liter	Schlacke	Asche	
1	10 123	74 530	7,36	2,5	6,4	35
2	9 541	70 300	7,39	2,4	6,1	35
3	7 294	53 870	7,38	2,8	6,0	28
4	9 712	73 520	7,57	2,5	6,3	35
5	9 483	70 340	7,41	2,5	6,1	33
6	10 343	76 340	7,43	2,1	6,5	34
7	10 353	75 440	7,28	2,7	6,1	38
8	8 533	67 120	7,86	2,1	6,5	34
9	8 959	67 850	7,57	2,3	6,7	35
10	6 580	50 320	7,64	2,4	6,5	28
11	9 222	74 170	8,04	2,6	6,9	34
12	8 294	65 200	7,86	2,3	6,4	33
13	8 639	69 190	8,00	3,8	4,9	33
14	8 800	70 380	8,00	2,4	6,1	33
15	8 491	66 890	7,87	2,4	6,1	34
16	9 502	71 620	7,53	2,2	6,2	35
17	7 139	55 140	7,72	2,3	5,8	27
18	9 594	71 290	7,43	3,3	6,3	33
19	10 116	64 960	6,38	2,4	5,4	37
20	10 483	72 380	6,90	3,0	6,5	34
21	9 497	65 630	6,88	3,1	6,6	32
22	9 318	68 040	7,30	2,9	6,2	32
23	9 478	69 710	7,35	2,5	5,5	32
24	6 583	46 140	7,00	2,8	5,1	25
25	8 729	63 740	7,30	3,4	6,6	33
26	9 425	68 440	7,26	2,0	5,2	33
27	8 787	63 970	7,28	3,3	5,4	34
28	7 774	60 870	7,82	3,1	5,5	30
29	8 733	63 260	7,26	2,9	5,0	32
30	8 116	62 540	7,70	3,0	6,0	30
31	4 995	36 460	7,29	3,5	5,5	21

Pumpen-Anlage.

Die Pumpen-Anlage hat drei verschiedene Aufgaben zu erfüllen, und zwar:

I. die Kesselspeisung,

II. „ Hebung des Kondensationswassers und

III. „ die Förderung des Frischwassers.

I. Das zur Speisung der Kessel verwendbare Wasser befindet sich in dem sogenannten Reinwasser-Bassin, dessen Heizschlange durch den Abdampf der Speisepumpen gewärmt wird. Aus dem Reinwasserbassin wird das Speisewasser von Worthington'schen Dampfspeisepumpen entweder direkt oder über einen Worthington'schen Wassermesser angesogen und in die Kessel gedrückt. Es sind drei solche Pumpen vorhanden, jede für drei gleichzeitig voll beanspruchte Kessel ausreichend, so dass die Reserve mehr als genügend ist. Zur erforderlichen Reinigung wird das ungereinigte Wasser in einem besonderen Behälter, dem Rohwasserbassin, gesammelt und von einer kleinen Worthington-Dampfpumpe in einen Dervaux'schen automatischen Wasserreinigungsapparat mit beständig arbeitendem Kalksättiger und Klärbehälter befördert, welcher das Wasser mittels Kalkwasser und Sodalösung reinigt. Die stündliche Leistung dieses Apparates erreicht 8500 l. Die Reinigung selbst vollzieht sich in folgender Weise:

Das ungereinigte Wasser strömt in einen oben am Apparate angebrachten Verteiler, dessen Abzweigungen einen geringen Teil nach dem Kalk-Saturateur und nach dem Soda-Reservoir führen, während die Hauptmenge des ungereinigten Wassers in den Klärzylinder gelangt und sich dort mit dem saturierten Kalkwasser und dem Sodawasser

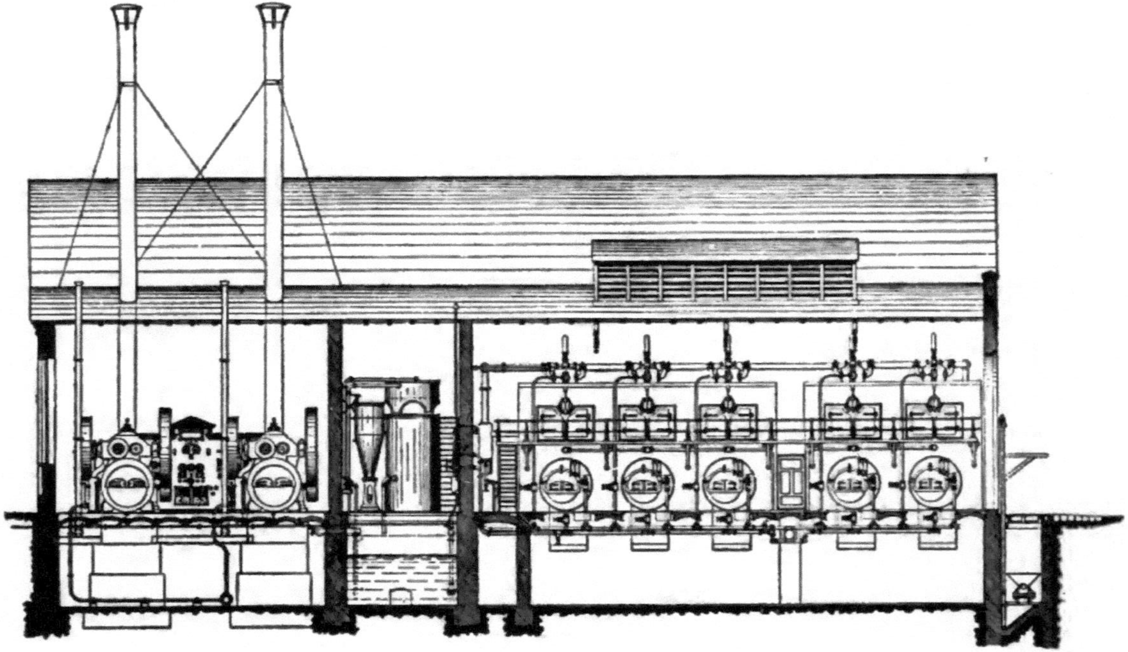

Figur 4. Längenschnitt der Maschinenzentrale Budapest.

vermischt. Unten im Klärbehälter ist ein Filter angebracht, um die im Wasser suspendierten festen Teile zurückzuhalten. Der Kalk-Saturateur steht getrennt vom Klärzylinder; der erstere verläuft unten in einer Spitze und ist oben mit einem Kalkbehälter aus perforiertem Bleche versehen, welcher täglich eine frische Füllung von ungelöschtem Kalk erhält. Der Kalk fällt infolge öfteren Umrührens auf den spitzen Boden des Saturateurs und wird dort durch zuströmendes ungereinigtes Wasser aufgewirbelt. Das saturierte Wasser hingegen steigt nach oben, gelangt durch kegelförmige Stromteiler in den Klärbehälter und vermischt sich im oberen Teile desselben, dem sogenannten Reaktionsraum, mit dem ungereinigten Wasser und der Sodalösung. Hier vollzieht sich der chemische Prozess, welcher das Wasser auf 6—7 franz. (= 4—5 deutsche) Härtegrade bringen soll. Das weich gewordene schlammige Wasser gelangt durch konische Stromteiler in ein gemeinsames Steige- und Sammelrohr, von dort in den Filter aus gewöhnlichen Hobelspänen und endlich in das Reinwasserbassin.

II. Kondensationsanlage. Von den Dampfmaschinen führt eine gemeinsame Ausgussleitung von 450 mm lichtem Durchmesser durch die Kellerräume nach einem Ausgussbassin, welches durch Blechfilter in 3 Abteilungen getrennt ist, um die Bewegung des einströmenden Wassers soweit zu verlangsamen, dass das mitgerissene Öl sich auf dem Wasserspiegel abscheiden kann. Das Ausgussbassin ist mit einem Behälter unter dem Gradierwerke und dem genannten Rohwasserbassin durch Röhren verbunden, so dass nötigenfalls alle drei zu einem gemeinsamen Zwecke benützt werden können. In erster Linie aber soll das Ausgussbassin die nötige Wassermenge für die Injektionsleitung der Kondensationsanlage liefern. Zu diesem Zwecke wird das Wasser aus dem Ausgussbassin auf das Gradierwerk gehoben, von wo es in feiner Verteilung in das Bassin heruntertropft und aus diesem in die Injektionsleitung der Dampfmaschine gesaugt wird.

Zur Hebung des Ausgusswassers auf den Kühlturm ist in den Kellerräumen eine Pumpenanlage untergebracht, bestehend aus:

1 Sulzer'schen Pumpe für eine stündliche Leistung von 7200 l, mit einem Schuckert'schen Zweiphasenstrommotor für 35 PSe verkuppelt;

1 Sulzer'schen Pumpe für eine stündliche Leistung von 3600 l, von einem Schuckert'schen Zweiphasenstrommotor für 20 PSe mittels Riemen angetrieben;

1 Schlick'schen Pumpe für eine stündliche Leistung von 3600 l, mittels Riemen von einer Dampfmaschine angetrieben.

Die erstgenannte Sulzer'sche Pumpe genügt für drei voll belastete Maschinen mit zusammen 1200—1500 PSe, so dass die beiden anderen Pumpen in Reserve bleiben.

Das oben als Kühlturm bezeichnete selbstventilierende Popper'sche Gradierwerk ist darauf berechnet, das für 12000 kg Dampf pro Stunde nötige Kondensationswasser abzukühlen. Die Basis dieses Apparates ist 15 m lang und 4 m breit. Die Siebkästen liegen in vier Etagen übereinander.

Um die zur Abkühlung des abtropfenden Wassers nötige Lufterneuerung recht lebhaft zu machen, m. a. W. eine kräftige Ventilation ohne besonderen Mechanismus zu erzielen, wird das warme Wasser in Siebkästen geleitet, von denen es fein verteilt auf schiefe Bretterwände fällt; dabei werden die mitgerissene Luft und der entstandene Wasserdampf frei und gelangen in das Innere des Turmes, welcher wie ein Schlot wirkt und Beides ins Freie entweichen lässt. Die Abkühlung des herabfallenden Wassers wird noch verstärkt durch den natürlichen Luftzug in dem 11 m hohen Turme, ferner auch dadurch, dass die Zirkulationspumpen mehr Wasser auf den Kühlturm fördern, als von den Luftpumpen ausgegossen wird. Die Zirkulation ist nämlich eine 1,5fache, d. h. das Wasser passiert dreimal das Gradierwerk, während es zweimal zur Kondensation benützt wird.

Das erzielte Vakuum schwankt je nach der Jahreszeit zwischen 85 und 92% vom jeweiligen Barometerstande. Bei dem gewöhnlichen Betriebe wird die Wasserzirkulation für ein Vakuum von 88% eingestellt, wobei der Pumpenbetrieb ungefähr 6% der gesamten in der Primärstation entwickelten Energie erfordern würde, wenn alle Pumpen elektrisch angetrieben wären. Im verflossenen Betriebsjahre hat das Gradierwerk in allen Teilen vollauf befriedigt. Im Sommer genügt ein Arbeiter zur Reinigung der Siebkästen, im Winter wird ihm zeitweise ein Helfer beigegeben. Die Reinigung der Siebe geschieht am Turme selbst mittels Bürsten, nur hin und wieder werden einige Siebkästen zur gründlichen Revision nach den Werkstätten gebracht und während dieser Zeit durch Reservekästen ersetzt.

III. Das Frischwasser. Der hierher gehörige Teil der Pumpenanlage besteht aus zwei vertikalen Dampfpumpen, welche das zur Ergänzung des Speisewassers nötige Frischwasser aus einem Brunnen heben und in das Rohwasserbassin leiten. Die Quantität des nötigen Frischwassers ist verhältnismässig sehr gering.

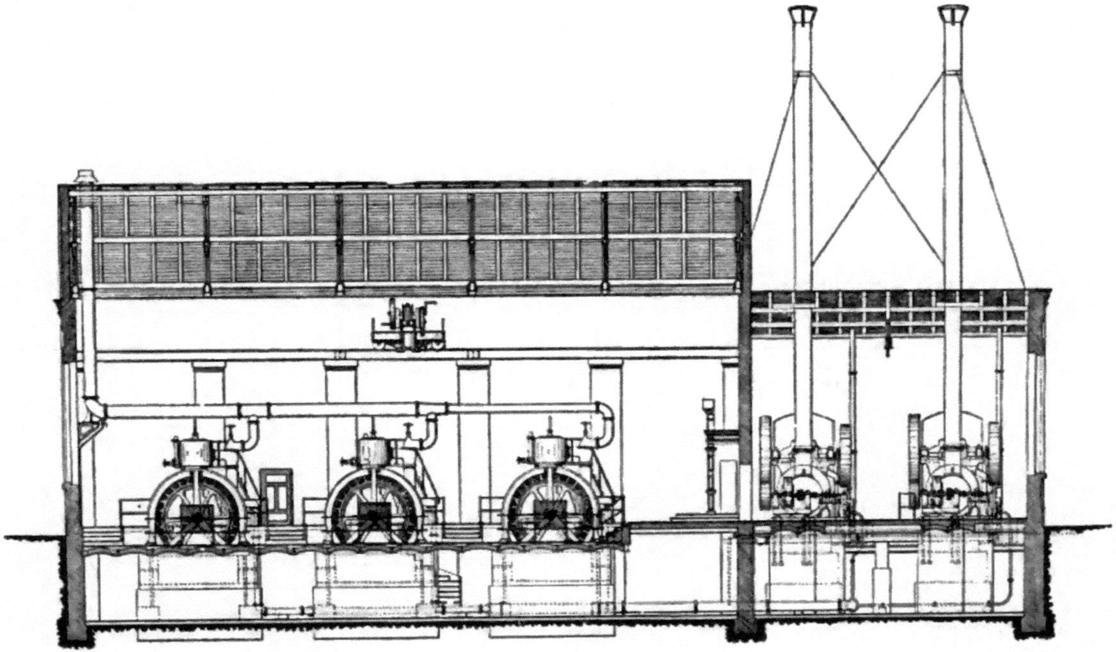

Figur 5. Längenschnitt der Maschinenzentrale Budapest.

Maschinenanlage.

Beim ersten Entwurf der Anlage waren zwei stehende Dreifach-Expansions-Dampfmaschinen von je 400—500 PSe vorgesehen. Da dieselben jedoch nicht schnell genug hergestellt werden konnten, um noch im Jahre 1893 für die Lichtabgabe eingestellt zu werden, so beschloss man, ein Provisorium für 4000 Glühlampen zu 16 NK zu schaffen, bis die definitive Anlage betriebsfertig wurde.

Den maschinellen Teil dieses Provisoriums bildeten zwei Wolf'sche Lokomobilen, von welchen schon bei der Beschreibung der Kesselanlage die Rede war. Dieselben leisten bei einem Arbeitsüberdruck von 7 Atmosphären und bei 110 Umdrehungen in der Minute je 120 PSe. Der Hochdruckzylinder hat 370, der Niederdruckzylinder 630 mm im Durchmesser, der gemeinsame Hub ist 480 mm lang. Die Maschinen arbeiten gewöhnlich mit Einspritzkondensation, nötigenfalls auch mit freiem Auspuff. Jede Maschine hat zwei Schwungräder, das eine ist als Riemenscheibe zum Antrieb einer Zweiphasenstrommaschine ausgebildet.

Im Februar 1894 kam die erste grosse Dampfdynamo und mit ihr die definitive Anlage in Betrieb; im März folgte die zweite Maschine. Bald darauf wurde die erste Erweiterung der Anlage um eine dritte, ebenso grosse Maschine beschlossen, welche im November 1894 in Betrieb kam.[1]

Alle drei Dampfmaschinen[2]) sind von **F. Schichau in Elbing** geliefert; es sind stehende Dreifach-Expansions-Maschinen mit Einspritzkondensation. Die 3 Zylinder haben der Reihe nach 460, 750 und 1150 mm im Durchmesser, der gemeinschaftliche Kolbenhub eine Länge von 550 mm. Die Leistung ist bei 120 Umdrehungen in der Minute und 10 Atmosphären Anfangsdruck im Hochdruck-Zylinder normal 400, maximal 500 effektive Pferdestärken. An die Achse ist auf der Niederdruckseite die Zweiphasenstromdynamo angekuppelt, auf der Hochdruckseite ein Zahnrad für den Antrieb der Erregerdynamo angeschraubt. Die Kuppelung ist durch 2 Flanschen hergestellt, welche auf die Achsen von Dampfmaschine und Dynamo aufgeschmiedet und miteinander verschraubt sind.

Die 3 neben einander angeordneten Zylinder jeder Dampfmaschine ruhen hinten auf gusseisernen Ständern, welche gleichzeitig als Kreuzkopfführungen dienen, vorn auf schmiedeeisernen Säulen; sie bilden mit den Schieberkästen und Receivern ein geschlossenes Ganzes, welches mit Isoliermasse gegen Wärmeverluste geschützt und darüber mit poliertem Stahlblechmantel bekleidet ist.

Die Dampfmäntel des Hoch- und Mitteldruckzylinders werden mit direktem Kesseldampfe gespeist und heizen ausser dem eigenen Zylinder den Receiver des nächstfolgenden.

Der Hochdruckzylinder hat entlastete Kolbenschiebersteuerung mit Federringen für veränderliche Expansion, am Mittel- und Niederdruckzylinder sind entlastete Trick'sche Flachschieber mit fixer Expansion angebracht, welche bei mässiger Exzentrizität eine genügend hohe Kompression ergeben.

Der von der Hauptwelle mittels konischer Räder angetriebene Regulator stellt die Füllung des Hochdruckzylinders selbsttätig ein.

Die Kondensator-Luftpumpe an der Rückseite der Maschine ist einfach wirkend und wird vom Mitteldruck-Kreuzkopf mittels Balancier angetrieben. Um im Notfalle ohne Kondensation arbeiten zu können (was bis jetzt allerdings noch nicht vorgekommen ist), ist am Kondensator ein Wechselventil angebracht, um den Abdampf direkt in's Freie auspuffen lassen zu können.

Die Maschinenwelle hat drei gekröpfte Kurbeln, welche um je 120° gegeneinander versetzt sind; dabei eilt die Mitteldruck-Kurbel der Hochdruck-Kurbel vor.

Welle, Kreuzköpfe, Kolben und Kolbenstangen, Pleuel-Schieber- und Exzenterstangen, sowie sämtliche Zapfen sind von Stahl. Die Lager haben entweder Metallfutter oder eine Einlage von Weissmetall. Die Dichtungen sind metallisch, soweit Rohranschlüsse für direkten Kesseldampf in Betracht kommen; die Zylinderdeckel sind aufgeschliffen, alle anderen Flanschen aufgeschraubt und mit dünner Asbestpappe gedichtet. Die Stopfbüchsen haben metallische Liderung. Zur Dichtung der Kolbenringe sind eine Anzahl Taschenfedern auf den ganzen Umfang verteilt, welche nach Öffnen der Zylinderdeckel, ohne die Kolben herauszunehmen, leicht ersetzt werden können.

---

[1]) Die Lokomobilanlage sollte nach Beendigung des Provisoriums nur noch als Reserve dienen, aber das unerwartet starke Steigen des Strombedarfes brachte es mit sich, dass sie zur Bewältigung des Bedarfes mit herangezogen werden musste und bis zum Ende des Jahres 1894 eine Betriebseinheit blieb. Im Jahre 1895 werden ausser den 3 genannten noch 2 weitere Maschinen zu je 500 PSe aufgestellt, so dass das Werk gegen Ende des zweiten Betriebsjahres über 3000 effektive Pferdestärken verfügen wird.

[2]) Die photographische Aufnahme Seite 18 ist vor Aufstellung der dritten Maschine gemacht.

Die Schmierung ist für alle bewegten oder während des Betriebes weniger gut zugänglichen Teile zentralisiert. Das abtropfende Öl wird aufgefangen und durch eine Rohrleitung nach einer im Keller befindlichen Ölreinigungsanlage geführt, wo es gereinigt und wieder in den Maschinensaal, in daselbst aufgestellte Sparkästen gepumpt wird.

Die Armatur der Maschinen, wie Absperrventil, Hilfs- und Heizventile, Hahnzüge, Tachometer, Manometer und Vakuummeter, Zentralschmierung, Indiziervorrichtung u. s. w., ist auf der Vorderseite der Maschine so zusammengezogen, dass eine sichere und bequeme Bedienung und Kontrolle möglich ist. Eine auf der Rückseite befindliche Gallerie mit Treppenaufgang ermöglicht den gefahrlosen Zugang zu den hochgelegenen Teilen der Maschine.

Fig. 6.   Dampf-Dynamos der **Maschinenzentrale Budapest.**

Die Garantien für diese Maschinen waren folgende: Wirkungsgrad bei der normalen Leistung 87,5 %, bei der maximalen 90 %; Dampfverbrauch bei 10 Atmosphären Anfangsüberdruck im Hochdruckzylinder und 110 minütlichen Umdrehungen pro Indikatorpferd und Stunde höchstens 6,2 kg bei der normalen Leistung von 400 PSe und 6,5 kg bei der maximalen Leistung von 500 PSe. Dabei war das Speisewasser durch Messung bezw. Wägung festzustellen und nur das Kondensationswasser der Dampfrohrleitung bis zum Wasserabscheider in Abzug zu bringen.

Bei den Abnahmeversuchen wurden in zwei Kesseln in 8 Stunden und 3 Minuten 28152 kg Wasser verdampft, in der Rohrleitung zwischen den Kesseln und der Versuchsmaschine 227 kg Wasser kondensiert und die dem Kondensationswasser entsteigende Dampfmenge auf 5 % desselben, also auf 11 kg geschätzt. Hieraus ergab sich ein Dampfverbrauch von 28152 — 238 = 27914 kg in 8 Stunden und 3 Minuten, oder 3467 kg in einer Stunde. Die aus Indikator-Diagrammen abgeleitete mittlere Leistung war 520,5 PSi. Die wirkliche, dem Dampf- und Kohlenverbrauche entsprechende Durchschnittsleistung dürfte etwas höher liegen; es wurde nämlich gleichzeitig mit den Indikatorversuchen als mittlere Nutzleistung 238800 Watt beobachtet, während der vor den Versuchen geaichte Elektricitätszähler eine um 1,6 % höhere Leistung, nämlich 242600 Watt registrierte. Folglich wurden dem Vergleiche des Dampf- und Kohlenquantums einerseits und den Leistungen der Maschinensätze andrerseits 520,5 × 1,016 = 529 PSi zu Grunde gelegt. Der am Schaltbrett in der Unterstation festgestellten Nutzleistung von 242600 Watt entsprach eine primäre Erzeugung in den Dynamos der Maschinenzentrale von 304400 Watt und dieser ein wahrscheinlicher Wirkungsgrad der Dampfmaschinen von etwa 87 %.

Ferner berechnet sich der Dampfverbrauch pro PSi und Stunde zu

$$\frac{27914}{529 \times 8,05} = 6,55 \text{ kg}$$

und die effektive Leistung der Dampfmaschine zu 529 × 0,87 = 460 PSe.

Bei diesen Versuchen war die Dampfspannung 10,75 Atmosphären und die Umdrehungszahl der Dampfmaschine 112. Das Vakuum kam bei einer Temperatur des Speisewassers von 38,5 ° C nur auf 83 %, wodurch 1,5 % mehr Dampf verbraucht wurde, als bei dem Durchschnittsvakuum von 88 % (bei 35 ° C) der Fall gewesen wäre. Unter teilweiser Berücksichtigung dieses Umstandes kann der Dampfverbrauch der Maschine bei 460 PSe zu 6,5 kg pro Indikatorpferd und Stunde angenommen werden.

Bei den Abnahmeversuchen stellte sich heraus, dass Gleichförmigkeitsgrad und Regulierung der Dampfmaschine nicht den gestellten Anforderungen entsprachen, was in erster Linie auf die Unzulänglichkeit der Schwungmassen zurückzuführen war. Es wurde demzufolge angeordnet, die Tragkonstruktion der Anker als Schwungräder auszubilden, welche Anordnung bei der dritten Maschine mit sichtlich gutem Erfolge zur Ausführung gelangte. Übrigens haben die beiden ersten Maschinen im abgelaufenen Betriebsjahre in jeder Weise zufriedenstellend gearbeitet. Die anfänglich bemerkte Unregelmässigkeit des Ganges wurde durch bessere Einstellung der Regulatoren vermindert und dürfte nach Vermehrung der Schwungmassen ganz verschwinden. Der Gang der Maschinen war ruhig und fast vollständig geräuschlos; nur die Zahnradübersetzung für die Erregermaschine machte sich bemerkbar. Deshalb wurde das gusseiserne Zahnrad der Dynamowelle entfernt und ein neues aus Vulkanfiber aufgesetzt; seitdem ist auch dieses Geräusch wenig bemerkbar.

Tabelle III. Betriebszeit der Maschinen und Lokomobilen.

Monat	Dampfdynamo I			Dampfdynamo II			Dampfdynamo III			Lokomobile I			Lokomobile II		
	Betriebstage	Betriebsstunden im ganzen Monate	an einem Tage	Betriebstage	Betriebsstunden im ganzen Monate	an einem Tage	Betriebstage	Betriebsstunden im ganzen Monate	an einem Tage	Betriebstage	Betriebsstunden im ganzen Monate	an einem Tage	Betriebstage	Betriebsstunden im ganzen Monate	an einem Tage
Januar	—	—	—	—	—	—	—	—	—	31	497	16,0	31	507	16,4
Februar	3	28	9,3	—	—	—	—	—	—	25	405	16,2	25	373	15,0
März	15	119	8,0	19	151	8,0	—	—	—	12	30	2,5	1	3	3,0
April	10	74	7,4	21	159	7,6	—	—	—	6	11	2,0	4	9	2,0
Mai	13	84	6,5	18	118	6,5	—	—	—	1	3	3,0	1	3	3,0
Juni	14	79	5,6	16	89	5,5	—	—	—	—	—	—	—	—	—
Juli	15	78	5,2	16	84	5,2	—	—	—	—	—	—	—	—	—
August	15	92	6,1	11	63	5,7	—	—	—	6	78	13,0	6	78	13,0
September	18	144	8,0	22	158	7,2	—	—	—	11	95	8,6	5	70	14,0
Oktober	21	215	10,2	22	232	10,5	—	—	—	13	185	14,2	16	232	14,5
November	28	324	11,6	27	334	12,4	8	56	7,0	11	97	9,0	22	192	8,7
Dezember	25	204	8,2	27	271	10,0	31	451	14,5	15	116	8,0	13	86	6,5
	177	1441		199	1659		39	507		131	1517		124	1553	

Tabelle III über Betriebszeit der Maschinen und Lokomobilen giebt ein Bild von der Intensität des Betriebes im verflossenen Jahre. Im Januar, wo durch die provisorische Anlage der beiden Lokomobilen allein die Lichtabgabe besorgt wurde, hatte die

I. Lokomobile 31 Betriebstage zu 16 Stunden.

II. „ 31 „ „ 16,4 „

Im letzten Quartale des Betriebes dagegen arbeiteten drei grosse Dampfmaschinen und zwei Lokomobilen zusammen; dabei kamen durchschnittlich im Monat auf die

I. Dampfdynamo 27 Betriebstage zu 10 Stunden

II. „ 28 „ „ 11 „

III. „ 31 „ „ 14,5 „

I. Lokomobile 13 „ „ 10,1 „

II. „ 17 „ „ 10 „

Die Beanspruchung der Dampfdynamos war am höchsten im Dezember mit durchschnittlich 11,8 Stunden, am geringsten im Juli mit durchschnittlich 5,2 Stunden pro Betriebstag.

Elektrische Anlage in der Primärstation.

Den Hauptteil dieser Anlage (siehe die schemat. Darstell. Seite 21) bilden drei an die Dampfmaschinen gekuppelte Zweiphasen-Wechselstrommaschinen, Schuckert'sches Modell AF 300, für je 300000 Watt bei 1800 Volt Einzelspannung. Die Polwechselzahl ist ungefähr 51 in der Sekunde bei 110 Umdrehungen in der Minute und 28 Magnetpolen. Die Erregung wird durch eine Gleichstromdynamo, Schuckert'sches Modell AF 21 bewirkt, welche bei 400 Umdrehungen in der Minute und 200 Volt Spannung bis 13000 Watt leisten kann.

Ferner sind vorhanden zwei durch die Lokomobilen mittels Riemen angetriebene Zweiphasen-Wechselstrommaschinen, Schuckert'sches Modell WA 100, für je 66000 Watt bei 1800 Volt Einzelspannung und 400 Umdrehungen in der Minute.

Sämtliche Zweiphasenstrom-Dynamos sind Aussenpolmaschinen. Der Magnetrahmen ist zweiteilig aus Flusseisen, der untere Teil auf einer in den Boden eingelassenen gusseisernen Grundplatte verschraubt.

Die Polkerne sind mit dem Rahmen aus einem Stück gegossen; der isolierte Magnetdraht ist auf Spulen gewickelt, welche auf die Kerne gesteckt werden, so dass leicht eine Auswechselung stattfinden kann. Die Polschuhe sind etwas breiter als die Kerne und auf den letzteren festgeschraubt.

Die Ankerdrähte sind in zwei geschlossenen Kreisen gewickelt, so dass die Phasen der beiden Wechselströme um 90 Grad gegeneinander verschoben sind. Das Ankergestell besteht aus einem soliden sechsspeichigen Rade, einem Bronzekranze mit 16 kleineren Speichen und dem aus Blechlamellen hergestellten eigentlichen Ankerkern, als zweiten und äussersten Radkranz. Um den letzteren sind die Ankerdrähte gewickelt. Zwischen Wickelung und Bronzekranz bilden die 16 Speichen dieses Kranzes ebenso viele Lufträume, wodurch bei der Rotation die kräftigste Ventilation entsteht.

Die Ankerwelle ist an einem Ende mit der Dampfmaschinenwelle verkuppelt, das andere Ende ruht in einem Lager, dessen dreiarmiger Bügel mit dem Magnetrahmen verschraubt ist. Der äussere Durchmesser des Ankers ist 3 m, des Magnetrahmens 3,8 m. Da die Wellen der Dampfmaschinen unten liegen, so ist für die ganze Reihe der angekuppelten Dynamos der Fussboden tiefer gelegt und durch Treppen zwischen den Dynamos mit dem Fussboden der Dampfmaschinen verbunden. Die beiden Phasen des Wechselstromes verlaufen annähernd nach der Sinuskurve. Wie bekannt, behaupten viele Elektriker, dass eine Abweichung von der Sinuswelle manche Unzuträglichkeiten im Gefolge habe, dass sie nämlich bei Umformern den Verlust durch Hysteresis und Wirbelströme erhöhe, bei Motoren den Wirkungsgrad ebenfalls vermindere und in langen isolierten Leitern eine gefährliche Erhöhung der Spannung bewirken könne. Als weitere Vorteile der reinen Sinusform werden geräuschloser Gang der Dynamos, geringerer Querschnitt der Fernleitung und die Verwendbarkeit von Kondensatoren zur Neutralisierung der Selbstinduktion, ferner eine sichere Berechnung der statischen und induktiven Effekte und die Möglichkeit einer genauen Messung mittels gewöhnlicher technischer Instrumente, leichte Parallelschaltung der Dynamos u. s. w. angeführt. Ohne hier in die sehr interessante Streitfrage eingreifen zu wollen, welche sich in letzter Zeit über die

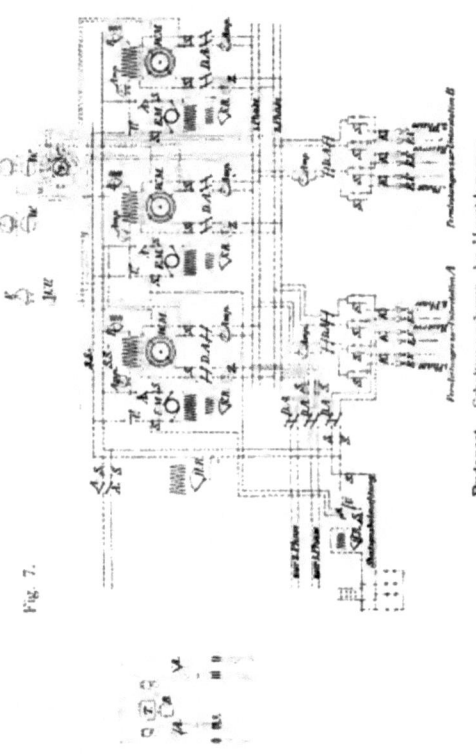

Fig. 7.

Budapest.
Schaltungsschema der Lokombilanlage.

Budapest. Schaltungsschema der Hauptdynamos.

Zeichen-Erklärung.

W. M.	Wechselstrommotor.	Z.	Eichenzählzähler.	M. S.	Abzäisch. Signalapparat.
E. M.	Erregermaschine.	T.	Telephon.	Sv. A.	Synchronismus-Anzeiger.
Amp.	Stromwesser.	D. A.	Doppelpol. Ausschalter.	St.	Stromrichtungs-Anzeiger.
V.	Voltmesser.	W.	Widerstand.	K.	Kabelschuh.
S.	Sicherung.	H. R.	Hauptstrom Regulator.	E. V.	Kabelendverschluss.
A.	Ausschalter.	N. R.	Nebenschluss Regulator.	V. U.	Voltmeterumschalter.
C.	Umschalter.	R.	Regulator.	B.	Batterie.
A. A.	Aut. Ausschalter.	Ba.	Batan.	C. A.	Central. Ausschalter.

Sinusform der Wechselstromkurve entsponnen, sei nur erwähnt, dass der letztgenannte Vorzug, die leichte Parallelschaltung, im vorliegenden Falle thatsächlich vorhanden ist. Die beiden Reihen von grossen Dynamos zu 300, und kleinen zu 66 Kilowatt werden nicht blos unter sich, sondern auch miteinander parallel geschaltet und kommen selbst bei erheblich verschiedenen Belastungen der einzelnen Maschinen nicht ausser Takt. Die Parallelschaltung wird mit einem einfachen Umschalter, ohne Zuhilfenahme künstlicher Belastungswiderstände vorgenommen.

Der Gang ist bei allen Dynamos geräuschlos, frei von dem bei Wechselstrommaschinen vielfach beobachteten Brummen. Die verhältnismässig geringe Polwechselzahl bietet bei der gegebenen ausschliesslichen Verwendung des erzeugten Wechselstromes für die Motoren der Umformer verschiedene Vorteile: Abgesehen von dem kleineren Widerstande bei der Fernleitung und dem geringeren Ladungsstrome in Kabeln erfordert die kleinere Polwechselzahl bei den Motoren weniger Magnetpole und erleichtert deren Parallelschaltung. Thatsächlich geht auch die Parallelschaltung der Umformer in der Unterstation mit grösster Leichtigkeit vor sich und die Regulierung beschränkt sich hier, wie in der Maschinenzentrale, auf das geringste Mass.

Garantiert war für die Zweiphasenstromdynamos ein Wirkungsgrad von mindestens 90 %, einschliesslich der Erregung des magnetischen Feldes.

Bei den Abnahmeversuchen mit den grossen Dynamos war die Einzelspannung 1780—1790 Volt, die Stromstärke in dem einen Kreise 85,7 Ampère, in dem andern 90,2; der Erregerstrom hatte eine Spannung von 206,5 Volt und eine Stromstärke von 36,2 Ampère, also einen Effekt von 7475 Watt oder rund 2,5 % von 300 Kilowatt, welche von der erregten Zweiphasenstromdynamo geliefert wurden.

Die auf die Dynamo übertragene Energie berechnete sich wie folgt:

Abgegebene Energie nach experimenteller Bestimmung . . . . 299 000 Watt

Ankerwiderstand, warm gemessen . . . . 0,55 Ohm

Mittlere Stromstärke im Ankerdrahte . . . . 88 Amp.

Verlust in der Ankerwicklung . . . . $\dfrac{88 \times 88}{2} \times 4 \times 0,55 =$ 8 520 „

Widerstand der Feldmagnetwicklung, warm. . . . . 5,7 Ohm

Erregerstromstärke . . . . 36,2 Amp.

Verlust in der Feldmagnetwicklung . . . . 36,2 × 36,2 × 5,7 = 7 470 „

Leerlauf einschliesslich der Erregermaschine, Verlust durch Reibung und Luftwiderstand, Wirbelströme und Hysteresis, angenommen auf Grund von Versuchen mit ähnlichen Maschinen . . . . 17 000 „

zusammen rund 332 600 Watt.

Wirkungsgrad $\dfrac{299\,600}{332\,600} \times 100 = 90$ Prozent.

Die Verbindung zwischen den elektrischen Maschinen und den Schalttafeln wird durch Kabel hergestellt, welche von den Maschinen absteigen, durch die Wölbung der Kellerräume gehen und an den Schalttafeln wieder aufsteigen.

Es sind zwei Schalttafeln vorhanden, eine für die Lokomobilenanlage, die andere für die Hauptanlage; beide haben jedoch dieselbe schematische Anordnung. In der Mitte der Schalttafeln sind die Apparate für Erregung und Parallelschaltung, links die Anschlüsse und Kontrollinstrumente für Fernleitungen, rechts die Ausschalter und Instrumente für Maschinen angebracht. Der Strom der Zweiphasenstromdynamos passiert zuerst zwei doppelpolige Sicherungen (in jedem Kreise eine), darauf einen doppelpoligen Ausschalter (für je einen Pol beider Kreise), alsdann geht der eine Kreis durch einen Stromzähler, der andere durch einen Strommesser und beide gelangen darauf nach den Sammelschienen (zwei für jeden Kreis). Von diesen geht der Strom durch doppelpolige Ausschalter und Sicherheitsschalter, der eine Kreis ausserdem durch einen Strommesser, in die Fernleitungskabel.

Für jeden Kreis sind zwei solche Kabel, im Ganzen also vier verlegt; jedes Kabel enthält zwei von einander isolierte und konzentrisch angeordnete Doppelleiter.

Die Erregung der Maschinen vollzieht sich in bekannter Weise. Jede Erregerdynamo hat ihren besonderen Hauptstrom- und Nebenschluss-Regulator, Strommesser und Ausschalter. Durch ferner angeordnete Umschalter und Sammelleitungen kann die Erregung auch gemeinsam stattfinden und Strom für die Beleuchtung der Zentrale entnommen werden.

Ein bemerkenswerter Apparat auf der Schalttafel ist der sogenannte Phasenindikator. Solche, für die Parallelschaltung von Wechselstrom-Maschinen so wichtige Apparate wurden vordem zum Teil als optische oder akustische Signale ausgeführt, andere Konstruktionen bestanden aus sich drehenden Scheiben mit einer Lichtöffnung, aus tönenden Diaphragmen u. s. w. In dem Schuckert'schen Apparate ist einfach ein gewöhnlicher Spannungsmesser zur Erkennung der Phasengleichheit angewendet, und zwar so, dass ein und derselbe Spannungsmesser der Reihe nach für mehrere Maschinen als Phasenindikator benutzt werden kann, in der Zwischenzeit aber als gewöhnliches Instrument zur Kontrolle der Betriebsspannung dient. Mittels eines eigenartigen Umschalters wird entweder der Spannungsmesser auf die Sammelschienen (bezw. auf die Betriebsspannung) geschaltet oder die Verbindung zwischen der Betriebsspannung und jener des einzuschaltenden Alternators hergestellt. Die Kontaktklemmen und Federn in diesem Umschalter sind, um Kurzschlüsse zu vermeiden, so angeordnet, dass die Kontakte der einen Schaltung früher aufgehoben werden, bevor man den Spannungsmesser auf die andere Schaltung bringt.

Wenn der Spannungsmesser als Phasenindikator benützt werden soll, so wird durch den Umschalter der eine Pol des einzuschaltenden Alternators direkt mit einer im Betriebe befindlichen Sammelschiene verbunden, während der zweite Pol über den Spannungsmesser nach der anderen Sammelschiene geht. Soll der Spannungsmesser dagegen zur Kontrolle dienen, so wird er durch den Umschalter an die beiden Sammelschienen gelegt. Über die Kontakt-stücke des Umschalters schleift ein Hebel mit drei mechanisch verbundenen, aber elektrisch isolierten Kontaktfedern. Beim Verschieben des Hebels in der Richtung des Uhrzeigers wird der Spannungsmesser zuerst als Kontrollinstrument an Maschine I, in nächster Stellung als Synchronismusanzeiger an dieselbe Maschine, darauf wieder als Kontroll-Instrument an Maschine II, in der folgenden Stellung als Synchronismusanzeiger an dieselbe Maschine, u. s. w. an die übrigen Maschinen geschaltet.

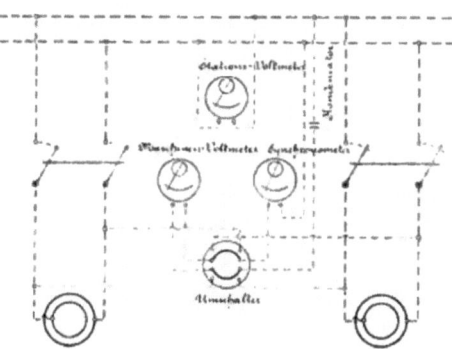

Figur 8. **Schaltungsschema**
zur Parallelschaltung mehrerer Wechselstrom-Erzeuger.

Zum elektrischen Teile der Maschinenzentrale gehören noch eine Gleichstromdynamo für 140 Ampère und 110 Volt zur Beleuchtung der verschiedenen Räumlichkeiten und zum elektromotorischen Betriebe der Reparaturwerkstätte, ferner die beiden bereits erwähnten asynchronen Zwei-phasenmotoren zum Antrieb von Pumpen. Der Gang dieser Motoren ist vollständig geräuschlos, bei hohem Wirkungsgrade und geringer Erwärmung. Der ihnen zugeführte Strom wird durch Transformatoren von 1800 Volt auf 110 Volt gebracht. Die Kondensation wurde früher durch eine Wand-Dampfpumpe besorgt, welche aber den gestellten Anforderungen nicht entsprach und vom Lieferanten wieder zurückgenommen wurde. Seitdem ist der Pumpenantrieb elektrisch eingerichtet und dabei eine bedeutende Dampf-ersparnis konstatiert. Dieses erfreuliche Resultat hat die Betriebsleitung bewogen, von nun an für die Wasser-förderung ausschließlich elektrische Betriebskraft zu verwenden.

Elektrische Einrichtung der Unterstation I.

Die Unterstation I befindet sich in der Kazinczygasse, annähernd im Mittelpunkte des jetzigen Konsumgebietes. Weitere Unterstationen sind für das sich immer weiter ausbreitende Verteilungsnetz an anderen Stellen der Stadt bereits projektiert, und zwei werden noch im Jahre 1895 fertiggestellt.

Das Gebäude besteht aus einem Maschinensaale für die rotierenden Wechselstrom-Gleichstrom-Transformatoren, der Kürze wegen Umformer genannt, und aus einem vierstöckigen Akkumulatorenhause. Das beiden Abteilungen gemeinsame Kellergeschoss enthält den Kabelkanal, das Magazin und die Heizanlage. Von diesem Gebäude durch einen geräumigen Hof getrennt, ist ein kleines Haus für die Bureaux der Budapester Allgemeinen Elektricitäts-Actien-Gesellschaft errichtet.

Die Transformation des zugeführten zweifachen Wechselstromes von 1800 Volt in den durch ein Dreileiternetz zu verteilenden Gleichstrom von 240 Volt erfolgt in vier Umformern, je zwei für 240 und 120 Kilowatt abzugebenden nutzbaren Effekt.

Die Konstruktion der beiden Umformermodelle ist annähernd gleich, ich begnüge mich daher mit der Beschreibung des grösseren: Jeder Umformer besteht aus zwei elektrisch vollkommen von einander getrennten Maschinen,

Figur 9. Schalttafel der Unterstation.

einem Zweiphasenstrommotor und einer Gleichstromdynamo. Beide setzen sich zusammen aus einem kreisrunden, in der horizontalen Mitte geteilten Magnetgestell aus Flusseisen mit vierzehn angegossenen, radial nach innen stehenden Polansätzen, ferner aus einem dreiarmigen Lagerbügel und einem Anker mit Schleifringen beim Motor bezw. mit Kollektor bei der Dynamo. Die beiden Magnetgestelle sind oben durch zwei gusseiserne Traversen, unten durch die gemeinschaftliche Grundplatte verbunden, so dass die beiden dreiarmigen Bügel eine gute Lagerung für die gemeinschaftliche Welle der beiden Anker abgeben. Die Lager selbst besitzen selbstthätige Ringschmierung, wodurch der Ölverbrauch sehr vermindert und die Wartung vereinfacht ist. Der äussere Durchmesser der Magnetgestelle ist 2500 mm, der Anker 1620 mm. Auf die Polansätze sind Drahtspulen für den Erregerstrom gesteckt und zur Verstärkung des magnetischen Feldes schmiedeeiserne Polschuhe aufgeschraubt. Der Erregerstrom selbst ist von den Entladeschienen abgezweigt, seine Stärke entspricht daher der Belastung des Verteilungsnetzes bezw. der hiervon abhängigen Anfangsspannung.

Die beiden Anker sind, wie schon erwähnt, auf eine gemeinschaftliche Welle aufgekeilt und drehen sich in vollkommen getrennten Magnetfeldern. Die Eisenkerne der Anker sind ringförmig und zur Vermeidung von Wirbelströmen aus vielen dünnen, von einander isolierten Eisenscheiben hergestellt, welche durch Messingbolzen zusammengehalten werden. Dieser Eisenring ist warm auf einen bronzenen Radkranz mit angegossenen Ärmchen aufgezogen,

Figur 10. **Rotierende Umformer.**

sodass zwischen den Ärmchen Lufträume verbleiben, welche eine ausgezeichnete Ventilation hervorbringen. Der Bronzekranz selbst sitzt fest auf einer eisernen Trommel, welche mit sieben inneren Speichen und der Wellennabe aus einem einzigen Stück gegossen ist.

Die Wicklung auf dem äusseren geteilten Eisenkern ist beim Wechselstrom-, wie beim Gleichstromanker einfache, geschlossene Gramme-Wicklung.

Die Windungen des Wechselstromankers sind abwechselnd in zwei Reihen hintereinander geschaltet und erhalten ihren Strom durch vier von einander isolierte Schleifringe, auf welchen die mit der Fernleitung verbundenen Bürsten schleifen.

Die Windungen des Gleichstromankers führen einzeln nach 630 von einander isolierten Lamellen des Kollektors, welcher 1400 mm im Durchmesser hat. Am Umfange des Kollektors schleifen, den vierzehn Polen entsprechend, vierzehn Bürsten, welche durch eine sogenannte Bürstenbrücke in gleichen Abständen gehalten und gemeinsam verstellt werden. Die hiernach für jeden Pol sich ergebenden sieben Bürsten sind durch Stifte mit einem sternartigen Kranze verbunden. Von diesen beiden Kränzen wird der Strom mittels Ringkontakten nach den Sammelschienen abgeleitet. Die Klemmenspannung der Dynamos kann zum Laden von Akkumulatoren gesteigert werden. Die Umdrehungszahl der Umformer beträgt 220 in der Minute, bei ungefähr 50 Polwechseln in der Sekunde.

Die vom Geh. Hofrat, Herrn Professor Dr. Kittler geleiteten Abnahmeversuche wurden zum Teil im September 1893 in der Fabrik der Unternehmerin (Elektrizitäts-Aktiengesellschaft vormals Schuckert & Co. in Nürnberg), zum grössten Teil jedoch im Mai 1894 in Budapest vorgenommen.

Ausser den Bevollmächtigten der beteiligten Firmen waren bei den Versuchen zugegen die Herren: Dr. Wirtz, Professor an der technischen Hochschule zu Darmstadt, Erwin von Stephany in Budapest und das Betriebspersonal der Budapester Allgemeinen Elektricitäts-Actien-Gesellschaft.

Die bei den Messungen benutzten Normalinstrumente waren zum Teil vom elektrotechnischen Institute der technischen Hochschule zu Darmstadt, zum Teil von der Unternehmerin gestellt; es waren u. A. Normalwiderstände von der Physikalisch-Technischen Reichsanstalt, Voltmeter für Gleich- und Wechselstrom von Weston, Stromwage und elektrostatische Voltmeter von William Thomson, astatisches Elektrodynamometer von Siemens & Halske, Wattmeter von Ganz & Co. und der Elektrizitäts-Aktiengesellschaft vormals Schuckert & Co.

Als massgebend galten nur die Messungen mit Normalinstrumenten; zur Kontrolle wurden jedoch die technischen Instrumente an den Schalttafeln ebenfalls abgelesen.

Garantiert war für die Umformer ein Gesamt-Wirkungsgrad von mindestens 80%, dahin verstanden, dass die Gleichstromdynamo mindestens 80% des in den zugehörigen Zweiphasenstrommotor eingeleiteten elektrischen Effektes liefern sollte.

Die Abnahme ergab bei den Umformern für 240 Kilowatt:

Anzahl der Versuche: 25.

Umdrehungszahl in der Minute: 224.

Watt	im	I. Wechselstromkreise	136 240,	gemessen	mit	Wattmeter [1]
Ampère	„	I.	„	85,7	„	„ Dynamometer
Volt	„	I.	„	1 694	„	„ Weston-Voltmeter
Watt	„	II.	„	147 790,	„	„ Wattmeter [2]
Ampère	„	II.	„	90,2	„	„ Dynamometer
Volt	„	II.	„	1 695	„	„ elektrostatischem Voltmeter.

Die in beide Kreise zusammen eingeleitete Wechselstromenergie war also:

$$136\,240 + 147\,790 = 284\,030 \text{ Watt. [3]}$$

Erregung des Wechselstrommotors 2600 Watt (14,5 Ampère und 179,2 Volt).

Erregung der Gleichstromdynamo 2770 Watt (20,1 Ampère und 138 Volt).

Die gesamte verbrauchte Energie war also:

$$284\,030 + 2600 + 2770 = 289\,400 \text{ Watt.}$$

Ampère der Gleichstromdynamo	985,	gemessen	mit	Stromwage
Volt	„	„	242,4	„	„ Weston-Voltmeter
Watt	„	„	242 600	„	„ Elektrizitätszähler.

Der abgegebene Effekt nach Stromwage und Voltmeter war dagegen 238 764 Watt. [1]

Der gesamte Wirkungsgrad des Umformers hiernach 82,5%.

Lufttemperatur am Schlusse der Versuche: 36° C.

Temperaturzunahme: 44° C.

Dauer der Belastung: 10 Stunden.

[1] Watt c s a⁰ (c = 14,3; a = 80).

[2] Watt c s a⁰ (c = 36,6; a = 20).

[3] Die scheinbar eingeleiteten Watt betrugen dagegen im Wechselstromkreise I: 85,7 × 1694 = 145 200 Watt
    „   „   „   „   „   II: 90,2 × 1695 = 152 900 „
    zusammen 298 100 Watt.

Das Verhältnis der wirklichen zu den scheinbaren Watt ist also 0,95 = cos φ.

[4] Die Phasenverschiebung φ = 18°.

Der Gleichstrom wurde durch einen grossen Widerstand aus Eisendrahtspiralen in Wärme umgesetzt.

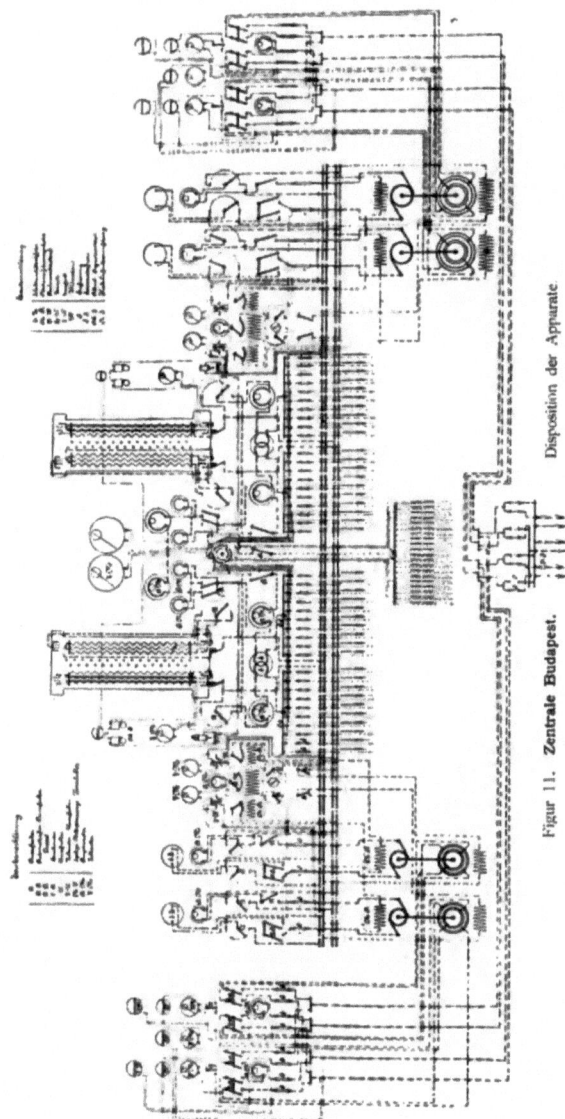

Disposition der Apparate

Figur 11. **Zentrale Budapest.**

Es wurden Messungen in verschiedenen Räumen vorgenommen, wobei die einzeln berechneten Wirkungsgrade der Umformer sehr gut übereinstimmten. Ferner wurde konstatiert, dass zu Anfang bei zunehmender Erwärmung der Wirkungsgrad abnimmt, bis der Beharrungszustand erreicht ist, dass endlich der höchste Wirkungsgrad ungefähr bei der als normal bezeichneten Belastung des Umformers erzielt wird.

Sehr interessant ist ein Vergleich des vorher aus unmittelbaren Beobachtungen sich ergebenden Wirkungsgrades mit der Berechnung desselben aus den einzelnen Verlusten.

Der abgegebene Gleichstromeffekt war . . . . 238 704 Watt
Widerstand des Wechselstromankers, warm . . . . 0,64 Ohm
Mittlere Stromstärke im Ankerdraht . . . . 88 Ampère
Verlust in der Ankerwicklung . . . . $\dfrac{88^2}{2} \times 4 \times 0,64 =$ 9 910 „
Widerstand des Gleichstromankers, warm . . . . 0,00675 Ohm
Mittlere Stromstärke . . . . 985 Ampère
Verlust in der Ankerwicklung . . . . $985^2 \times 0,00675 =$ 6 550 „
Erregerstrom des Motors bei Vollbelastung . . . 14,5 Ampère und 179,2 Volt
   dessen Effekt . . . . 2 600 „
Erregerstrom der Dynamo bei Vollbelastung . . . 20,1 Ampère und 138 Volt
   deren Effekt . . . . 2 770 „
Leerlauf des Umformers bei 250 Volt Gleichstromspannung (der mittleren elektromotorischen Kraft) nach zehnstündiger Belastung. . . . . 22 000 „
Gesamte in den Umformer eingeleitete Energie . . . . rund 282 600 Watt

Hieraus berechnet sich der Wirkungsgrad des Umformers zu

$$\dfrac{238\,800}{282\,600} \times 100 = 84,2\,\% \text{ oder } 1,7\,\% \text{ mehr}$$

als der beobachtete Wirkungsgrad.

Im Betriebe erwies sich der Wirkungsgrad der Umformer andauernd günstig; derselbe betrug nämlich im

August . . . 83,2 %
September . . 82,1 %
Oktober . . . 82,6 %
November . . 84,4 %
Dezember . . 83,5 %

Besondere Erwähnung verdient die äusserst sauber ausgeführte Schalttafel, deren Disposition Seite 27 dargestellt ist, während die Zeichnung auf Seite 29 die Schaltung erläutert.

Vor allem ist zu loben die übersichtliche und zweckmässige Anordnung der Apparate, sowie die hierdurch erzielte einfache und sichere Handhabung, dergestalt, dass auch das Einschalten der Maschinen und die damit verbundenen Handgriffe von einer einzigen Person ausgeführt werden können.

Die hierfür nötigen Apparate sind nämlich zu beiden Seiten der Schalttafel in der Nähe der Motoren angeordnet, sodass die Wechselstromapparate auf der Schalttafel besondere Felder für sich allein einnehmen. Mit den Gleichstromapparaten ist ferner die Mitte der Schalttafel besetzt; hierher gehören die Apparate für den Hauptstrom, für die Regulierung des Erreger- und Anlassstromes, sowie für Akkumulatoren. Die Verteilung der sämtlichen Apparate auf der Schalttafel ist fast vollkommen symmetrisch.

Die Wechselstromapparate weichen in der Konstruktion von denen für Gleichstrom wenig oder gar nicht ab, einige Apparate der letzteren Gattung sind sogar direkt für ersteren Zweck verwendet.

Die grösseren Gleichstromapparate sind in ihrer Ausführung recht einfach und nehmen in Rücksicht auf die Stromstärke, für welche sie gebaut wurden, wenig Raum ein. Die Ausschalter haben einen aus elektrolytisch reinem Kupfer geschmiedeten, mit einem isolierten Handgriffe zu drehenden Doppelarm, dessen beide Enden entweder in Ringfeder- oder Blattfeder-Kontakte aus hartgewalzten Kupferblechen eingreifen; bei einer anderen Konstruktion ist umgekehrt der Schalthebel aus Blattfedern hergestellt und die Kontakte aus festen Stücken.

Die Kupferbarren mit Konusanschlüssen für die grösseren Strommesser sind ebenfalls aus elektrolytisch reinem Kupfer hergestellt, weil der sonst viel gebräuchliche Kupferguss zu beträchtliche Querschnitte erfordert hätte. Zufolge

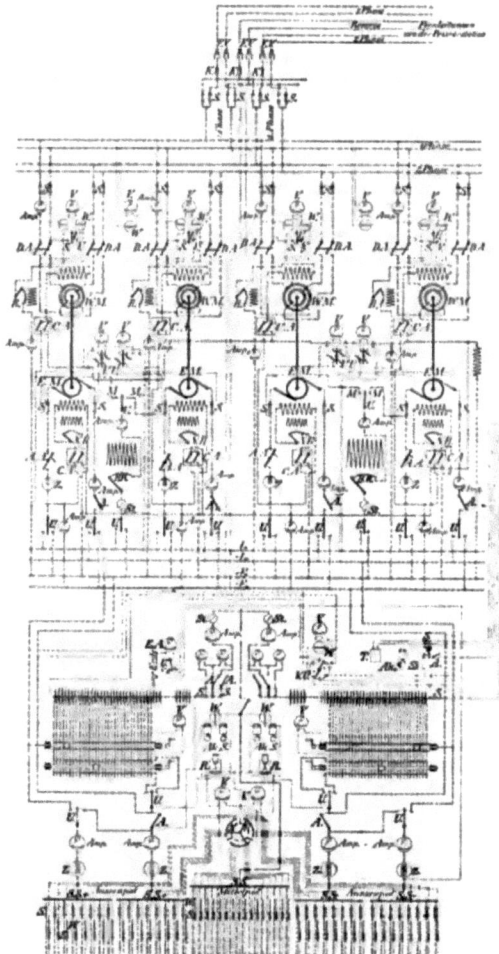

Figur 12. Schaltungsschema der Unterstation.

der Konusanschlüsse sind an der Vorderseite der Schalttafel nur die Apparate selbst sichtbar, während die Verbindungen auf der Rückseite, und zwar mit biegsamen Kabeln, hergestellt sind. Damit hat das Ansehen der Schalttafeln ausserordentlich gewonnen. Ausserdem bieten die Konusanschlüsse mancherlei Vorteile in technischer Hinsicht, z. B. sind:

1. die Kontaktflächen infolge des kegelförmigen Schliffs gut und verlässlich;
2. können die Kontakte leicht, nämlich mit einer einzigen Schraube, hergestellt und gelöst werden, die Montage geht also schnell von statten;
3. haben die durch Witterungseinflüsse hervorgerufenen Spannungen in der Holzunterlage keinen Einfluss auf die Anschlussstücke der Apparate.

Die Verbindungen auf der Rückseite der Schalttafel sind mit der grössten Sorgfalt hergestellt und Kreuzungen der Kabel nach Thunlichkeit vermieden, so dass man ohne Mühe zu jeder Verbindung gelangen kann. Die Sammelschienen bestehen aus Flachkupfer und sind beweglich mittelst Isolatoren auf gusseisernen Stützen gelagert, so dass sie einer etwaigen Erwärmung nachgeben können.

Die bemerkenswertesten Apparate im Mittelfelde der Schalttafel sind die Zellenschalter, welche vertikal angeordnet und mit den Schaltzellen der Akkumulatorenbatterie in solcher Reihenfolge verbunden sind, dass durch Verschiebung des Kontaktschlittens nach oben eine Spannungszunahme, nach unten eine Spannungsabnahme bewirkt wird, was als mnemotechnisches Mittel für den Wärter dient. Zum Bewegen des Kontaktschlittens dient eine Spindel mit Kurbel, welche zweimal ganz herumgedreht werden muss, um eine Akkumulatorenzelle zu- oder abzuschalten. Durch nur eine Umdrehung gelangt der Kontaktschlitten vom Akkumulatorenkontakt nach einem Zwischenkontakt, welcher nach einem Vorschaltwiderstande führt. Dieser Widerstand hat mehrere Unterabteilungen, die mittels eines Umschalters der jeweiligen Stromstärke angepasst werden können, sodass die Spannungsabstufung zwischen zwei Zellen halbiert und das Ab- oder Zuschalten an den Lampen kaum merkbar wird.

Jeder Zellenschalter hat zwei Kontaktschlitten, den einen E_1 für Ladung, den anderen E_2 für Entladung (Fig. 13). Der Ladeschlitten wird aber gegen Abend, nach beendeter Ladung, frei und kann alsdann während des stärksten Stromverbrauchs ebenfalls für Entladung benutzt werden.

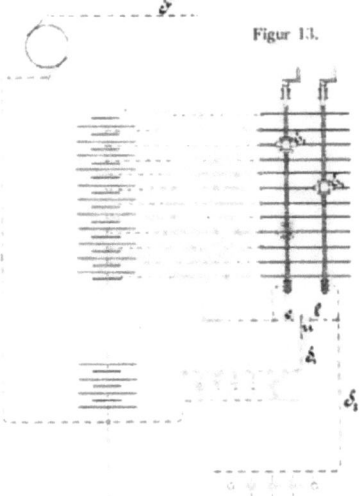

Figur 13.

Demgemäss sind die Speiseleitungen nach ihrer Länge in zwei Gruppen eingeteilt, und die längeren Speiseleitungen, für welche ein grösseres Spannungsgefälle während der kurzen Zeit des Höchstbedarfes rationell ist, werden mittels eines Umschalters u auf den Ladeschlitten E_1 geschaltet und mit diesem reguliert. Am Tage dagegen und in später Nacht ist das Spannungsgefälle in beiden Gruppen annähernd gleich und die Regulierung erfolgt für beide gemeinsam mit dem Entladeschlitten E_2.

Für jeden Kontaktschlitten ist eine sogenannte Funkenentziehvorrichtung (vgl. Fig. 14) angebracht, welche die Funken beim Zu- und Abschalten der Zellen nicht zwischen Kontaktschlitten und Gleitbahn, sondern stets zwischen besonderen, leicht auswechselbaren Kontakten entstehen lässt. Damit ist die Hauptursache der Abnützung von dem teuren Zellenschalter entfernt und auf die billigen Funkenkontakte beschränkt; des ferneren sind selbst bei den stärksten Strömen keine Störungen mehr zu befürchten.

Um die jeweilige Stärke des Lade- und Entladestromes in den beiden Hälften der Dreileiterbatterie genau messen zu können, sind für jede Hälfte drei kombinierte Strommesser und Stromrichtungsanzeiger in abgestuften Grössen, sowie ein kombinierter Ausschalter angebracht, mit welchem stets ein der jeweiligen Stromstärke entsprechender Strommesser ohne Unterbrechung eingeschaltet wird. Der Ausschlag der Nadel des Stromrichtungsanzeigers nach der einen oder der anderen Seite zeigt an, ob geladen oder entladen wird.

Die Spannung der Schaltzellen wird einzeln gemessen, zu welchem Zwecke zwei am Ladeschlitten angebrachte Schleiffedern gleichzeitig die Kontakte zweier aufeinanderfolgender Zellen mit zwei besonderen,

Figur 14. Doppelzellenschalter.

dünnen Schleifschienen verbinden, an welchen ein Spannungsmesser für 3 Volt liegt. Es wird also die erste für's Abschalten an die Reihe kommende Zelle selbstthätig vom Ladeschlitten auf den Spannungsmesser geschaltet.

Die Anschlüsse der Schaltzellen an die Zellenschalter sind mit Rundkupfer, biegsamen Kupferseilen und Konuskontakten hergestellt; sie nehmen daher wenig Platz ein, sind sehr übersichtlich und leicht zugänglich.

Figur 16. **Hebel-Ausschalter** für 200 A.

Die Netzspannung wird durch zwei grosse Stations-Spannungsmesser mit weithin sichtbarer Skalenteilung angezeigt. Durch einen dreipoligen Umschalter werden diese Instrumente entweder an die Mündungsstellen der einzelnen Speiseleitungen im Verteilungsnetze gelegt, also die Spannungen an den verschiedenen Knotenpunkten einzeln gemessen, oder es werden die Prüfdrähte aller Speiseleitungen parallel geschaltet und die mittlere Netzspannung gemessen. Im letzteren Falle treten ferner zwei akustische und optische Signalapparate in Wirksamkeit und alarmieren den Wärter zum Nachregulieren, wenn die mittleren Netzspannungen zu hoch oder zu niedrig werden.

Figur 15. **Selbstthätiger Ausschalter.**

In Fig. 17 ist der Umschalter nebst den Anschlüssen schematisch dargestellt. Für jeden Pol (den positiven, negativen und neutralen) sind ebensoviel Segmentstücke 0, 1, 2, 3 . . . vorhanden, als Speiseleitungen an die Schalttafel angeschlossen sind. Mit diesen Segmenten sind die Prüfdrähte der Kabel verbunden; die mit der Länge variierenden Leitungs-Widerstände der Prüfdrähte sind durch Drahtspulen $r_1 r_2 \ldots$ zu einem und demselben Werte ergänzt, so dass bei der Messung in allen Kreisen der gleiche Spannungsverlust auftritt. Auf den Segmenten schleift ein dreiarmiger Hebel mit Kontakten $C+$, $C-$, Co und schaltet die von einem Knotenpunkte des Verteilungsnetzes kommenden Prüfdrähte auf die Ringsegmente $S+$, $S-$, So und die hiermit verbundenen Spannungsmesser. Zum Messen der mittleren Netzspannung wird der dreiarmige Hebel gegen O gedreht, dabei werden die Ringfedern $R+$, $R-$, Ro an die Segmente gepresst und die letzteren sämtlich parallel geschaltet. Gleichzeitig kommen die Kontakte $C+$, $C-$, Co auf die isolierten runden Knöpfe, zwischen welchen und den Ringsegmenten $S+$, $S-$, So die Zusatzwiderstände $Z+$, $Z-$, Zo liegen, die den durch Parallelschaltung der Prüfdrähte verminderten Widerstand wieder auf die Höhe des einzelnen Prüfdrahtkreises bringen.

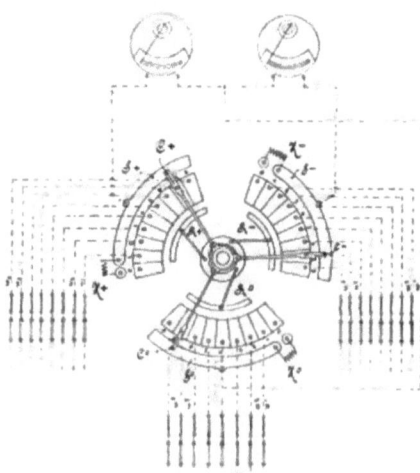

Figur 17.

Das Einschalten der Motoren geschieht in folgender Weise: Zuerst wird Akkumulatorenstrom in die Gleichstromdynamo geleitet, diese läuft als Motor an und nimmt den Wechselstrommotor als Generator mit. Ist die richtige Tourenzahl und die nötige Spannung am Wechselstrommotor erreicht, so wartet man noch auf das Zusammenfallen seiner Phase mit der primären, schliesst in diesem Moment den primären Wechselstromkreis und schaltet den Akkumulator auf Parallelbetrieb mit der jetzt vom Wechselstrommotor angetriebenen Gleichstromdynamo um. Beim Parallelbetriebe mit Akkumulatoren bedarf es einer betriebssicheren Vorrichtung, welche die Dynamo selbstthätig ausschaltet, sobald die Spannung an der Batterie überwiegt und einen Rückstrom in die Dynamo sendet. Bei vielen Apparaten dieser Art werden Quecksilberkontakte verwendet, welche jedoch mehr oder weniger unter der Oxydation des Quecksilbers leiden. Bei den in unseren Budapester Werken angebrachten Schuckert'schen Apparaten sind dagegen die Kontakte metallisch; ferner erfolgt die Ausschaltung der Dynamo schon dann, wenn deren Stromstärke auf einen geringen Betrag, etwa $1/10$ der normalen Leistung, sinkt. Der Apparat selbst (siehe Fig. 15 u. 18) besteht im Wesentlichen aus einem kräftigen, vom Dynamostrome durchflossenen Elektromagneten a, dessen Kern auf der drehbaren Achse f sitzt. Der Kern bezw. die Achse trägt zwei Polstücke b, b_1, welche durch ein messingenes, mit Handgriff versehenes Querstück p verbunden sind. Den Anker dieses Hufeisenmagneten bildet ein schmiedeeisernes Stück h, welches auf der gusseisernen Platte des Apparates befestigt ist. Sobald der Hufeisenmagnet mit dem Handgriffe an den Anker gedrückt ist, bleiben beide um so inniger an einander haften, je stärker der Strom in der Magnetwicklung, also auch in der Dynamo ist. Als Gegenkraft wirken zwei Schraubenfedern d, d_1, welche den Magneten vom Anker abzureissen suchen, was bei Abnahme des Stromes auf etwa $1/10$ seines normalen Wertes eintritt.

Anfang und Ende der Wicklung sind kupferne rundbeilförmige Kontaktstücke c, c_1, welche in ringförmige Blattfederkontakte eingreifen und als Ausschalter wirken. Beim Einrücken der Gleichstromdynamo wird der Ausschalter durch den Handgriff geschlossen und haftet fest, sobald der Strom $1/10$ der normalen Stärke überschreitet; alsdann giebt der Wärter den Handgriff frei. Beim Abstellen der Dynamo oder im Falle einer Störung fällt der Magnet von selbst vom Anker ab und schaltet aus. Eine besonders energische und plötzliche Wirkung ist bei dem Ausschalter dadurch erzielt, dass Magnetwicklung und Achsenkern nicht starr mit einander verbunden sind, sondern dass der

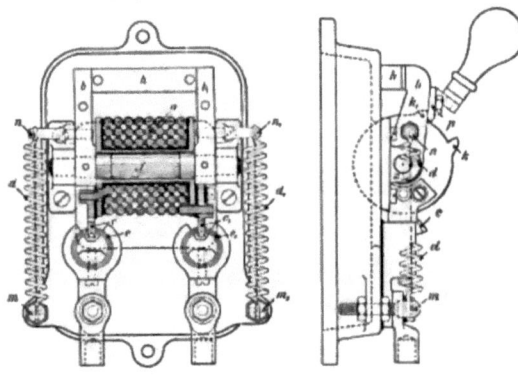

Figur 18. **Selbstthätige Ausschalter.**

Magnetkern in der Wicklung drehbar ist und daher dessen Polstücke b, b_1 beim Abreissen zunächst allein zurückschnellen. Da hierbei keine Reibung zu überwinden ist, so erlangt der Magnet eine lebendige Kraft, welche, von den Schraubenfedern unterstützt, den Rahmen kräftig auf die Nasen k, k_1 der Wicklung aufschlagen lässt, so dass die Ausschaltung plötzlich und ohne bedeutende Funken stattfindet.

Ein interessanter Apparat ist der von Herrn Oberingenieur Hermann Müller konstruierte „Magnet-Ausschalter", durch welchen verhindert werden soll, dass beim Öffnen des Feldmagnetkreises der Dynamo oder des Motors die Feldmagnetwicklung von Extraströmen durchgeschlagen wird. Zu diesem Behufe wird beim Ausschalten zunächst ein induktionsloser Widerstand parallel zur Feldmagnetwicklung eingeschaltet, in welchen Widerstand die Extraströme sich schliessen.

Der Apparat selbst besteht im Wesentlichen aus zwei Ausschaltern, welche auf derselben Achse sitzen und mit einem gemeinsamen Handgriffe bedient werden. Der Kontaktarm für den Feldmagnetkreis ist auf der Achse beweglich und wird in der Öffnungs-Stellung durch eine an der Achse angebrachte Abreissfeder gehalten. Zum Stromschluss wird der Kontaktarm mit dem Handgriffe halb auf der Achse herumgedreht, bis er in die zugehörigen Kontakte fest eingreift und den Feldmagnetkreis schliesst. Während dessen hält der Umschalter am unteren Ende der Achse den induktions-losen Widerstand geöffnet. Soll nun der Feldmagnetkreis unterbrochen werden, so dreht man den Handgriff in entgegengesetztem Sinne. Der auf der Achse bewegliche Kontaktarm wird von den federnden Kontakten so lange festgehalten, bis die Zunge des zweiten Ausschalters in die zugehörigen Kontakte eingreift und somit der induktionslose Widerstand parallel zu den Feldmagnetwicklungen eingeschaltet ist. Beim Weiterdrehen des Handgriffes treten die Abreissfedern in Kraft und lassen den Kontaktarm aus seinen Kontakten herausschnellen, wodurch der Feldmagnetkreis geöffnet wird. Bei weiter fortgesetztem Drehen wird endlich der induktionslose Widerstand ausgeschaltet.

Den Schluss dieses Kapitels bilde Tabelle V über die Betriebszeit der Umformer, aus welcher die an-gestrengte Thätigkeit im verflossenen Betriebsjahre hervorgeht.

Tabelle V. Betriebszeit der Umformer.

Monat	Umformer I. Betriebstage	Umformer I. Betriebsstunden im ganzen Monate	Umformer I. Betriebsstunden an einem Tage	Umformer II. Betriebstage	Umformer II. Betriebsstunden im ganzen Monate	Umformer II. Betriebsstunden an einem Tage	Umformer III. Betriebstage	Umformer III. Betriebsstunden im ganzen Monate	Umformer III. Betriebsstunden an einem Tage	Umformer IV. Betriebstage	Umformer IV. Betriebsstunden im ganzen Monate	Umformer IV. Betriebsstunden an einem Tage
Januar	17	285	16,8	15	255	17	—	—	—	—	—	—
Februar	12	188	15,7	14	208	15	3	29	10,0	—	—	—
März	—	—	—	12	32	2,7	31	258	8,3	—	—	—
April	—	—	—	6	14	2,3	30	232	7,7	—	—	—
Mai	3	17	5,4	5	27	5,4	30	193	6,4	—	—	—
Juni	—	—	—	9	22	2,3	30	167	5,6	—	—	—
Juli	—	—	—	2	4	2	31	164	5,3	—	—	—
August	4	38	9,5	6	46	7,7	26	155	6,0	—	—	—
September	14	64	4,5	26	170	6,5	25	218	8,7	—	—	—
Oktober	26	168	6,5	24	194	8,0	25	286	11,4	—	—	—
November	29	252	8,7	29	311	10,7	30	309	10,3	16	166	10,4
Dezember	22	157	7,1	25	182	7,3	31	359	11,6	31	354	11,4
	127	1169		173	1465		292	2470		47	520	

Akkumulatorenbatterie.

Die in der Unterstation Kazinczy-Gasse aufgestellten Akkumulatoren, System Tudor, wurden von der Wiener Generalrepräsentanz der Akkumulatorenfabrik-Aktien-Gesellschaft in Hagen, Westfalen, geliefert. Ursprünglich waren blos zwei Batterien der Type 38 vorgesehen. Im Herbste 1894 aber trat plötzlich das Bedürfnis einer grösseren Stromabgabe hervor, was am schnellsten durch Beschaffung von zwei neuen Batterien gleicher Grösse befriedigt werden konnte. Die jetzige Anlage umfasst somit vier parallel geschaltete Batterien von je 148 Zellen, Type 38.

Jede Batterie besitzt eine Kapazität von 1565 bezw. 2245 Ampèrestunden bei 469 bezw. 268 Ampère Ent-ladestrom und 391 Ampère maximalem Ladestrom.

Die ganze Akkumulatorenanlage hat somit eine Kapazität von 6260 bezw. 8980 Ampèrestunden bei 1876 bezw. 1072 Ampère Entladung im Dreileitersystem und kann daher 7500 Glühlampen à 16 NK während 3½ Stunden bezw. 4288 Lampen während 8½ Stunden selbständig speisen. Die Anzahl der Schalt- oder Regulierzellen beträgt 30 in jeder Dreileiterhälfte, von diesen sind je 6 (am Anfang und Ende der Batterie) vorläufig noch abgeschaltet, da sich bis jetzt ein Bedürfnis nach höherer Betriebsspannung nicht herausgestellt hat.

Die einzelnen Elemente bestehen aus je 34 positiven und 35 negativen Elektroden von 300×300 mm, welche durch Glasrohre von einander isoliert, in einem hölzernen, mit Blei ausgeschlagenen Kasten aufgehängt sind. Be-merkenswert ist die Befestigungsart der Glasrohre: In den negativen Platten befinden sich seitlich und in der Mitte vertikale, halbrunde Nuten, durch welche die Glasrohre ohne weitere Befestigungsmittel in gerader Stellung gehalten werden. Die Elemente sind untereinander durch Bleirahmen verbunden, während die Verbindung der einzelnen Serien durch Kupferleitungen hergestellt wird. Die vier Batterien befinden sich übereinander in vier Stockwerken des Akkumulatorenhauses; in jedem Stocke ist eine vollständige Batterie von 148 Elementen so aufgestellt, dass die Elemente gleichen Potentials senkrecht übereinander stehen. Der Nullleiter und die Schaltelemente der vier Batterien konnten daher auf einfachste Weise mit durchgehenden senkrechten Kupferleitungen parallel geschaltet werden.

Die Leitungen haben in den mittleren Stockwerken biegsame Zwischenstücke aus Kupferkabel erhalten, um zu verhüten, dass durch Ausdehnungen der starren Leitungen oder durch ungleichmässiges Senken in einem Stocke

Figur 1⁹). Akkumulatoren-Raum.

die Elemente der übrigen Stockwerke in Mitleidenschaft gezogen werden. Zwischen den Elementreihen und zu beiden Seiten sind breite Gänge für die Besichtigung und Bedienung angeordnet.

Wie bei anderen Zentralen mit direkter Stromverteilung, so hat die Unternehmerin auch in dem Elektrizitätswerke der Budapester Allgemeinen Elektricitäts-Actien-Gesellschaft folgende Gesichtspunkte befolgt: In der Maschinenzentrale sind wenige verhältnismässig grosse Dampfmaschinen als Betriebseinheiten genommen, weil dieselben in ökonomischer Beziehung vorteilhafter sind, als mehrere kleine, welche zusammen dieselbe Leistung haben. Grosse Maschinen nehmen nämlich weniger Platz ein, erfordern weniger Personal zur Wartung, bedürfen weniger Schmiermaterial und haben einen höheren Wirkungsgrad.

Es galt nun, diese Dampfmaschinen nur mit voller Belastung laufen zu lassen, damit dieselben jederzeit mit dem höchsten Wirkungsgrade arbeiten; dieser Grundgedanke wurde mit Akkumulatoren vollends durchgeführt. In dem Betriebsjahre 1894 waren die Dampfmaschinen fast immer auf ihre normale Leistung beansprucht; hierdurch wurde auch die Regulierung an der Schalttafel ausserordentlich einfach und beschränkte sich auf das Ein- und Ausschalten der Maschinen.

Der Betrieb beginnt mit dem Laden der Akkumulatoren, was bis zur Stunde des höchsten Konsums dauert; alsdann arbeiten die Maschinen so lange auf das Verteilungsnetz, bis der Konsum zu sinken beginnt und für die Maschinen keine genügende Belastung mehr aufweist; hierauf werden die Akkumulatoren nachgefüllt, bis deren Kapazität für die Lichtabgabe bis zum nächsten Tage vollauf genügt.

Die Zeit, während welcher die Akkumulatoren allein die Stromabgabe leisten können, variiert mit der Jahreszeit; sie betrug im Durchschnitt von 24 Stunden des Tages:

im	Januar	7	Stunden	oder	29 %	der ununterbrochenen Stromlieferung
	Februar	9	„	„	37 %	„ „ „
„	März	15	„	„	62 %	„ „ „
„	April	15,5	„	„	64 %	„ „ „
„	Mai	17,5	„	„	73 %	„ „ „
„	Juni	18,5	„	„	77 %	„ „ „
„	Juli	18,5	„	„	77 %	„ „ „
„	August	16,5	„	„	69 %	„ „ „
„	September	14	„	„	58 %	„ „ „
„	Oktober	10,5	„	„	44 %	„ „ „
„	November	10	„	„	42 %	„ „ „
„	Dezember	12	„	„	50 %	„ „ „

Im ganzen Jahre endlich haben die Akkumulatoren während 5036 Stunden von 8760 oder während 57,5 % der ganzen Betriebszeit die Lichtabgabe allein besorgt. Die Abkürzung des Maschinenbetriebes ist also ganz erheblich und dementsprechend die Ersparnis an Arbeitslöhnen, Schmiermaterial, Maschinen- und Kessel-Unterhaltungskosten beträchtlich.

Die Gleichförmigkeit der Belastung der Maschinen war aber nicht nur vom Standpunkte der ökonomischen Betriebsführung, sondern auch von dem der Betriebssicherheit vorteilhaft. Infolge dieser Gleichförmigkeit, welche von der ausgleichenden Wirkung der Batterie noch unterstützt wurde, konnten die grossen, zu verschiedenen Tageszeiten auftretenden Schwankungen der Stromabgabe keinen Einfluss auf den Gang der Dampfmaschinen ausüben, folglich auch die parallel geschalteten Wechselstrommaschinen und Umformer nicht stören.

Die Akkumulatoren bieten überdies den Vorzug einer sicheren und unmittelbar eintretenden Reserve, welche im Notfalle auf das Doppelte, ja Dreifache ihres normalen Wertes beansprucht werden kann. Auch geben sie der Lampenspannung eine gewisse Gleichförmigkeit, was besonders in Budapest, wo die verschiedensten Systeme von Bogenlampen nur darin übereinstimmen, dass sie verständiger und fleissiger Wartung entbehren, notwendig ist. Der Anteil, welchen die Akkumulatoren an der Stromabgabe genommen haben, geht aus folgender Zusammenstellung hervor:

Von der gesamten, dem Verteilungsnetze übermittelten elektrischen Energie lieferten die Akkumulatoren:

im	Januar	43,9 %	gegen	eine	direkte	Abgabe	der	Dynamos	von	56,1 %
„	Februar	46,2 %	„	„	„	„	„	„	„	53,8 %
„	März	45,3 %	„	„	„	„	„	„	„	54,7 %
„	April	49,1 %	„	„	„	„	„	„	„	50,9 %
„	Mai	59,2 %	„	„	„	„	„	„	„	40,8 %
„	Juni	73,1 %	„	„	„	„	„	„	„	26,9 %
„	Juli	88,3 %	„	„	„	„	„	„	„	11,7 %
„	August	63,1 %	„	„	„	„	„	„	„	36,9 %
„	September	40,2 %	„	„	„	„	„	„	„	59,8 %
„	Oktober	34,2 %	„	„	„	„	„	„	„	65,8 %
„	November	36,5 %	„	„	„	„	„	„	„	63,5 %
„	Dezember	35,7 %	„	„	„	„	„	„	„	64,3 %

Diese Verhältnisse sind im Diagramm Seite 45 veranschaulicht. Die *hellern* Flächen bedeuten die von den Dynamos direkt in das Netz abgegebene, die *dunklen* Flächen dagegen die aus den Akkumulatoren entnommene Energie. Die Summe beider Flächen stellt die gesamte Stromabgabe an das Netz dar.

Die Schaltung der Akkumulatoren in unserm Budapester Elektrizitätswerke bedingt, dass die Belastung der beiden Hälften des Dreileitersystems gleich zu halten ist. Die beiden Batteriehälften werden nämlich hinter einander mit einem und demselben Strome geladen und nehmen so eine gleichmässige Ladung auf. Wenn also infolge ungleichen Konsums eine der Batteriehälften mehr entladen wird, als die andere, so muss die weniger beanspruchte

Figur 30. **Motor der Pumpenanlage.**

Hälfte nach vollendeter Füllung noch so lange überladen werden, bis die andere Hälfte ebenfalls ihre volle Ladung hat. Eine gleichmässige Verteilung des Stromverbrauchs auf die beiden Dreileiterhälften ist aber in Budapest undurchführbar geblieben, weil die meisten zum Anschlusse angemeldeten Lichtanlagen als Zweileiter ausgeführt waren und die wenigen Dreileiteranlagen eine sehr ungleiche Verteilung aufwiesen. Man musste daher die einzelnen Installationen auf die beiden Netzhälften, so gut es ging, verteilen. Es war jedoch nicht möglich, die bald in der einen, bald in der andern Netzhälfte auftretende Mehrbelastung gänzlich zu beseitigen; diese kam sogar zeitweise auf einen bedeutenden Betrag, wie aus der nachfolgenden Zusammenstellung hervorgeht. Zur Abhilfe dient in der Unterstation eine sogenannte „Ausgleichsdynamo", welche jedesmal ein Nachladen derjenigen Batteriehälfte besorgt, welche am vorhergehenden Tage am meisten beansprucht worden ist.

Diese Ausgleichsdynamo besteht aus zwei Gleichstrom-Maschinen mit gemeinschaftlicher Achse. Je nach Bedarf läuft die eine als Motor, die andere als stromgebende Dynamo oder umgekehrt, was durch ein System von Ausschaltern vermittelt wird. Die Ausgleichsdynamo wird nur am Tage, zum Nachladen der Akkumulatoren, benützt und nimmt an der Hauptstromlieferung keinen Anteil.

Tabelle VI. Differenzen der täglichen Entladungen in Ampère.

Datum	Januar +	Januar −	Februar +	Februar −	März +	März −	April +	April −	Mai +	Mai −	Juni +	Juni −	Juli +	Juli −	August +	August −	September +	September −	Oktober +	Oktober −	November +	November −	Dezember +	Dezember −
1	77,5		32,5			240,0		70,0	190,0			267,5	205,0			2,50	190,0		287,5		192,0		217,5	
2	242,5		2,5			362,5		0,2,5	170,0		100,0		170,0		73,25		157,5		302,0		143,0		443,0	
3	52,5		165,0			400,0		177,5	202,5		65,0			27,5	148,25		197,5			70,0		203,0	482,5	
4	117,5		202,5		288,5		170,0		182,5			245,0		127,5		26,25	351,0		142,5		142,0		227,5	
5	87,5		224,5		90,0		170,0		51,0			337,5	95,0				82,5		160,0		37,0		463,0	
6	72,5		137,5			432,5		67,5	347,5			375,0	107,5		190,0		434,0		218,0			185,0	565,0	
7	132,5		127,5			240,0		80,0	122,5			140,0	187,5		311,25		216,5		435,0			135,0	539,0	
8		187,5	129,0		122,5		147,5		272,5				182,5		177,5		18,5				655,0		517,0	
9		40,0			55,0			80,0		5,0	75,0		142,5		287,5		190,0		181,25		427,0			70,0,0
10		160,0		180,0	380,0		152,5		152,5		77,5		460,0		213,75		36,5		403,75			153,0	1102,0	
11		72,5	27,5		90,5		210,0		230,0		305,0		45,0		221,25		167,5		437,5			995,0	643,0	
12		135,5			122,5		125,0		42,5		140,0		8,0		266,25		8,5		162,5			218,0	822,0	
13		270,0	7,5		137,5		67,5		97,2		182,5		277,5		203,75			337,5	214,0			7,0	643,0	
14		147,5			12,5		102,5			182,5		270,0	27,5			27,5	284,0		167,5					155,0
15		32,5		329,0	157,5		193,0		55,0			145,0	245,0			6,25	283,0		280,0					380,0
16		77,5	2,5		33,0			80,0	247,2		102,5		180,0				190,0		662,0		610,0			273,0
17		192,5		233,0	192,5		70,0	255,0		70,0			162,0		2,00		72,5				440,0			417,0
18		62,5		7,5	417,5		3,0	107,5			275,0		140,0		125,75		461,5			719,0	247,5			488,0
19		12,5			20,0			152,5		167,5	120,0		7,5	70,0		35,0	175,5			223,0	265,0			795,0
20		22,5	32,5			60,0	485,0			233,0		137,5	128,0		204,25		357,5	9,0		510,0	157,5			450,0
21	35,0		197,5		65,0		425,5		120,0			115,0	235,0		16,25		160,0		233,0		402,5			623,0
22	202,5		37,5	195,0		357,5			122,5			113,0	227,5				72,5			388,0	53,0			782,0
23	175,0		112,5	115,0		175,0		2,5				77,5	242,0			13,75	461,5			180,0	337,5			362,0
24					45,0		20,0		233,0		62,5			20,0		43,75	88,75		187,0	90,0	712,5			75,0
25	190,0		17,0,0				90,0		60,0				317,5		131,25		88,75			233,0	120,0			565,0
26	152,5		227,5				57,5		117,5			132,5	302,0		231,25		244,0		417,0	115,0			255,0	
27	52,5		23,0		17,5				67,5		20,0		23,0		136,25		130,0		482,0	235,0			305,0	
28			75,0		567,5				42,5		67,5			122,5	113,75				657,0	292,5			402,0	
29	115,0			237,5		153,0		95,0		147,5		65,0				56,25	70,0		355,0	277,5			210,0	
30		22,5			296,0			272,5		4,5,0	190,0		27,5		84,75			72,0	437,0		315,0		143,0	
31		142,5			30,0	372,5							280,0				230,5		63,0					
Summe	432	2873	1692	2712	1953	3610	3665	1170	2727	1440	1022	3400	4854	297	3271	262	3258	1190	4380	5036	1281	6963	7244	7440
Kilowatt	397		456		729		550		570		561		659		262		819		1257		1111		1806	

Die Differenzen in den täglichen Entladungen der beiden Dreileiterhälften der Akkumulatorenanlage wechselten oft sprungweise und stiegen plötzlich auf eine ansehnliche Höhe, um am nächsten Tage beinahe gänzlich zu verschwinden; sie traten überhaupt in einer solch' unregelmässigen Weise auf, dass man einstweilen darauf verzichten musste, einen Anhaltspunkt zu ihrer Erklärung zu finden (siehe Tab. VI).

Der gesamte Wirkungsgrad der Akkumulatoren, oder das Verhältnis der aufgenommenen zur abgegebenen Energie stellte sich auf 76,7 %, während vertragsmässig 75 % garantiert waren.

Die Ladung betrug nämlich   391 179,3 Kilowattstunden

die Entladung   299906,7   „

Der Verlust von 91273,6 Kilowattstunden macht 8 % der in der Primärstation erzeugten Energie aus.

Unter Berücksichtigung der Verluste durch Überladung stellt sich der Wirkungsgrad noch etwas günstiger, nämlich

	+ Batterie	— Batterie
im Januar	?	?
„ Februar	85 %	81 %
„ März	76 %	76 %
„ April	73 %	69 %
„ Mai	78 %	76 %
„ Juni	82 %	82 %
„ Juli	77,9 %	77,9 %
„ August	76,5 %	76,5 %
„ September	78,2 %	78,2 %
„ Oktober	71,9 %	71,9 %
„ November	77,2 %	77,2 %
„ Dezember	73,7 %	73,7 %
im Durchschnitt	77,35 %	76,35 %

Der Verbrauch an Schwefelsäure von 19° Beaumé betrug im ganzen Jahre (1. Januar bis 31. Dezember 1894) 7518 kg; zur Nachfüllung der Batterien wurde eine starke Verdünnung mit destilliertem Wasser vorgenommen. Da die Batterien III und IV nur die letzten zwei, bezw. einen Monat im Betriebe waren, so ergiebt sich als jährlicher Säureverbrauch einer Batterie rund 3300 kg, d. h. gegen 10 % des zur ersten Füllung erforderlichen Säurequantums.

Für die ganze Akkumulatoren-Anlage wurde ein zehnjähriger Versicherungsvertrag abgeschlossen, wonach die Lieferantin alle Reparaturen und Erneuerungen, welche bei sachgemässer Wartung infolge Abnützung oder fehlerhaften Materials erforderlich werden, gegen eine jährliche Prämie von ungefähr $5\frac{1}{2}$ % des Anschaffungspreises zu leisten hat.

Die Produktionsverhältnisse sind charakterisiert durch die Kurven, Seite 46, welche für die letzten sechs Monate des Betriebsjahres den höchsten Stromverbrauch in 24 Stunden darstellen.

Das Kabelnetz.

Das Stromverteilungsnetz umfasst die verkehrsreichsten Strassen von Budapest und bildet gewissermassen die Hälfte eines Kreises, dessen Peripherie von der Ringstrasse und dessen Durchmesser von dem Donaukai gebildet wird. Über diesen Halbkreis hinaus gehen als mächtigste Ausläufer die Leitungen nach der fashionablen Andrássy-Strasse und der als Verkehrsstrasse wichtigen Kerepesi-út. Inmitten dieses Halbkreises und zwar an der Kazinczy-Gasse befindet sich die erste und bisher alleinige Unterstation, in welcher, wie oben erläutert, der hochgespannte zweifache Wechselstrom in niedrig gespannten Gleichstrom umgeformt wird. Das Verteilungsnetz für diesen Gleichstrom zerfällt in zwei Abteilungen, nämlich in die eigentlichen Verteilungsleitungen, welche den Strassenzügen folgen, ein zusammenhängendes Netz bilden und den Abonnenten Strom abgeben, und in Speiseleitungen, welche strahlenförmig von der Unterstation ausgehen und dem Verteilungsnetze an verschiedenen Punkten Strom zuführen; an die Speiseleitungen selbst sind keine Installationen angeschlossen. Der Kupferquerschnitt ist in beiden Abteilungen durchweg proportional der Länge und der Inanspruchnahme. Da die Mündungsstellen der Speiseleitungen (die sogen. Knotenpunkte) durch die Verteilungsleitungen mit einander verbunden sind, so ist für die Speiseleitungen ein Ausgleich und eine Reserve geschaffen. Die Anzahl der Speiseleitungen ist vorläufig 20. An den Knotenpunkten derselben, ebenso an den Kreuzungsstellen der Verteilungsleitungen sind Schuckert'sche Kabelkästen aufgestellt zur Herstellung der Verbindungen, zur Aufnahme von Sicherungen und zur Vornahme von Revisionen.

Die innere Einrichtung der Kabelkästen besteht im Wesentlichen aus drei isolierten Kupferringen für die drei Pole des Dreileitersystems und soviel Sicherungen, als Kabel eingeführt werden sollen.

Figur 21. Verteilungskasten.

Die Kabelenden treten durch die röhrenförmigen Ansätze des flachen Kabelkastens ein und werden mittels Mutterschrauben abgedichtet. Oben wird der Kabelkasten mit einem eisernen Deckel luft- und wasserdicht abgeschlossen. Der Kasten selbst ruht auf einem Gestelle im Einsteigeschachte, welcher solid ausgemauert und im Niveau des Bürgersteiges durch eine ebene, gusseiserne Platte abgedeckt ist.

Als maximales Leitungsgefälle bei der höchsten Stromentnahme an Winterabenden wurden der Berechnung der Kupferquerschnitte zu Grunde gelegt:

2×20 Volt in der positiven und negativen Speiseleitung, $2 \times 2,5$ Volt in der positiven und negativen Verteilungsleitung. Der Null- oder Mittelleiter hingegen hat durchgehends einen halb so grossen Kupferquerschnitt als die beiden anderen.

Die unvermutet starke Zunahme der Anschlüsse hat natürlich auch diese Berechnung insofern überholt, als der Konsum sich an einigen Stellen, besonders in der inneren Stadt, viel höher stellte und an verschiedenen

Punkten des Leitungsnetzes Spannungsdifferenzen hervorrief, welche durch die ungleichen Belastungen der beiden Dreileiterhälften noch vermehrt wurden. Zur Beseitigung dieser Differenzen wurden in der inneren Stadt zwei besondere Ausgleichleitungen gelegt und überdies die Speiseleitungen nach ihrer Belastung in zwei Gruppen geschaltet, die stärker belastete Gruppe mit dem Ladeschlitten des Zellenschalters, die schwächer belastete mit dem Entladeschlitten reguliert. Diese getrennte Regulierung findet jedoch nur während des Hauptstrombedarfes am Abende statt, während am Tage, wo der Ladeschlitten für die Ladung gebraucht wird und mit dem geringeren Stromverbrauche die Spannungsdifferenz fast verschwindet, die Regulierung gemeinsam ist.

Das ganze Kabelnetz wurde von der Budapester Firma vormals Jacottet & Co. (jetzt Felten & Guilleaume) geliefert. Die Kupferseele besteht aus mehreren, mit einander verseilten Kupferdrähten und ist mit einer starken Schicht (Felten & Guilleaume'scher) Isoliermasse umgeben, darüber sind zwei Bleimäntel gepresst, ferner eine Jutelage gesponnen, schliesslich zweimal Eisenband gewickelt und nochmals eine asphaltierte Jutelage gesponnen.

Figur 22. **Abzweigmuffe.**

Im Fernleitungskabel zwischen der Maschinenzentrale und der Unterstation sind die beiden Leiter, Hin- und Rückleitung, vereinigt und zwar konzentrisch mit einer starken isolierenden Zwischenlage; in allen anderen Kabeln dagegen ist nur je ein Leiter. Bei den Speiseleitungen ist jedoch in die Kupferseele ein isolierter Prüfdraht eingeflochten.

Die Kabel sind in Gräben, 80—90 cm unter dem Strassenniveau und 1—1,5 m von der Hausfront entfernt, in eine Sandschicht gebettet und mit Ziegelsteinen abgedeckt; Verteilungsleitungen sind auf beiden Strassenseiten verlegt. In der Unterstation liegen die Kabel in einem besonderen Kanale.

Erwähnenswert ist der Umstand, dass die Kabel der Konkurrenzunternehmung, ebenfalls von Jacottet & Co. geliefert, zu Anfang gleichzeitig mit den unsrigen verlegt, in einem und demselben Graben untergebracht und nur durch eine Ziegelschicht von einander getrennt sind; unsere liegen beiläufig bemerkt 20 cm tiefer, als die Kabel der anderen Unternehmerin.

Die sogenannten „Anschlüsse", d. h. die von den Verteilungsleitungen in die Häuser führenden Leitungen sind ebenfalls Kabel mit doppeltem Bleimantel und doppelter Eisenbandarmierung. Die Anschlusskabel werden mit den Verteilungsleitungen nicht verlötet, sondern mit Klemmen verschraubt. Die Abzweigstelle selbst wird mit einer gusseisernen T-Muffe (siehe Fig. 22) versehen und mit Isoliermasse vergossen. Die abgezweigten Anschlusskabel werden durch eine Maueröffnung in das betreffende Haus eingeführt und enden dort in einer luft- und wasserdichten Schuckert'schen Sicherung. Von der letzteren zweigen dann die einzelnen „Steigeleitungen" ab und führen nach den Elektrizitätszählern und weiter nach den Lampen, Motoren u. s. w. Der Kupferquerschnitt der „Anschlüsse" variiert bei kleineren Installationen zwischen 35 und 50 qmm und ist bei grösseren Installationen oder langen Leitungen nach den Konsumstellen entsprechend stärker.

Die Länge aller verlegten Kabel zusammen erreichte am Ende des Betriebsjahres 1894:

Speiseleitungen . . . . 76069,47 m
Verteilungsleitungen . . . . 142746,24 „
Hochspannungs-Fernleitung . . . . 14087,25 „
Telephonleitung . . . . 3529,08 „
Hausanschlüsse und Sonstige . . . . 23308,61 „
im Ganzen 259770,65 m

mit einem Kupfergewicht von 306600 kg. Die Verbindungen der Kabel und die Sicherungen für dieselben sind in 77 Kabelkästen und zwar in 3 Sammelkästen, 21 Verteilungskästen und 53 Kreuzungskästen untergebracht.

Die Anzahl der Anschlüsse betrug 476, der von diesen gespeisten Konsumstellen 810.

Die Garantien der Unternehmerin für das Leitungsnetz lauten: „Die Isolation der Kabel muss bei 15° C, in der Fabrik gemessen, mindestens 100 Millionen, fertig verlegt und einschliesslich aller Verbindungsteile und Löt-stellen bis zu den Sicherungen der Verbrauchsstellen 5 Millionen Ohm auf das Kilometer Kabellänge betragen und darf während der Garantiezeit nicht unter diesen Betrag sinken. Die Messung des Isolationswiderstandes hat ferner unter Anwendung einer Elektrizitätsquelle zu erfolgen, deren elektromotorische Kraft gleich der Betriebsspannung in den Leitern ist. Endlich darf der maximale Leitungswiderstand des zu den Kabeln verwendeten Kupfers bei 15° C 17,45 Ohm pro Kilometer und 1 qmm Querschnitt nicht übersteigen."

Die Ergebnisse der Abnahmeversuche sind in nachstehender Tabelle VII verzeichnet.

Zur Bestimmung des Isolationswiderstandes diente eine Batterie von ca. 100 Volt Spannung. Die Leitungs-widerstände der Fernleitungen I und II wurden einmal nach der Brückenmethode gemessen und zweitens aus Strom-stärke und Spannung berechnet. Beide Methoden gaben sehr gute, bis auf einige Zehntel Prozent übereinstimmende Resultate.

Nach den Messungen haben die Fernleitungen I und II einen Leitungswiderstand von 1,011 Ohm bezw. 1,012 Ohm bei 17° C. Hieraus berechnet sich der Widerstand einer Kupferleitung von 1 km Länge und 1 qmm Querschnitt bei 15° C zu 17,06 bezw. 17,09 Ohm, gegenüber dem garantierten Widerstande von 17,45 Ohm. Hierzu ist zu bemerken, dass der nominelle Querschnitt von 120 qmm auf 1—2% unsicher ist, und der gleiche Grad der Unsicherheit die Zahlen 17,06 und 17,09 trifft. Unter Berücksichtigung dieses Umstandes stellt sich im ungünstigsten Falle, nach Hinzurechnung von 2%, der Leitungswiderstand des Kupfers erst auf 17,43 Ohm pro km und qmm bei 15° C, bleibt also immer noch innerhalb der Garantie.

Die Kapazität der Fernleitungen wurde nach der Methode des direkten Ausschlages mit einem Normal-kondensator von 0,3 Mikrofarad, zum Teil mit Zuhilfenahme eines rotierenden Kommutators bestimmt.

Die Ergebnisse der Messung waren folgende:

Fernleitung I. innen 0,299, aussen 1,137 Mikrofarad pro km
„ II. „ 0,298, „ 1,147 „ „ „
„ III. „ 0,298, „ 1,073 „ „ „

Tabelle VII. Isolationswiderstand des Kabelnetzes.

Kabelstrecke	Länge m	Kupfer- quer- schnitt qmm	Boden- tempe- ratur °C.	Isolations- widerstand pro km bei 15° C in Mill. Ω	Kabelstrecke	Länge m	Kupfer- quer- schnitt qmm	Boden- tempe- ratur °C.	Isolations- widerstand pro km bei 15° C in Mill. Ω
Fernleitungen:					Sammelleitung XII . +	882	200		1 000
I Innen	3528	120		13 380	„ „ . 0	882	95		1 215
I Aussen		120		3 620	„ „ .	882	200		5 296
II Innen	3528	120		10 130	„ XIII . +	1584	200		3 500
II Aussen		120		75	„ „ . 0	1584	95		1 585
III Innen	3528	120		8 735	„ „ .	1584	290		8 880
III Aussen		120		4 610	„ XIV . +	957	150		2 640
Speiseleitungen:					„ „ . 0	957	75		3 990
I . . . . +	1498	480		1 390	„ „	957	150		4 875
I 0	1498	240		740	„ XV . +	1179	280		1 580
I . . . . —	1498	480		4 160	„ „ . 0	1179	120		6 080
II . . . . +	1130	370		1 740	„ „	1179	280		7 900
II 0	1130	175		516	„ XV Prüfdrähte +	1226			1 490
II . . . . —	1130	370		1 380	„ „ „ 0	1226			2 590
III . . . . +	1392	120		1 150	„ „ „	1226			1 490
III 0	1392	50		3 450	„ XVI . +	784	280		9 415
III . . . . —	1392	120		7 430	„ „ . 0	784	120		2 270
Sammelleitung A . . +	1223	525		2 290	„ „ . —	784	280		8 240
„ „ . . 0	1223	240		7 595	„ XVII . +	1024	240		11 300
„ „ . . —	1223	525		4 640	„ „ . 0	1024	120		2 950
„ B . . +	1121	525		1 260	„ „ .	1024	240		9 690
„ „ . . 0	1121	240		5 040	„ XVIII . +	705	95		1 320
„ „ . . —	1121	525		15 100	„ „ . 0	705	50		3 760
„ IX . . +	746	175		273	„ „ .	705	95		5 440
„ „ . . 0	746	75		1 160	Verteilungs-Leitungen +	297	70		1 330
„ „ . . —	746	175		3 480	von XIV nach XV 0	297	35		1 815
„ X . +	542	95		1 980	do. do. —	297	70		1 330
„ „ . . 0	542	50		950					im Mittel:
„ „ . . —	542	95		3 500					4 500
„ XI . . +	1302	120		930					
„ „ . . 0	1302	50		1 710					
„ „ . . —	1302	120		4 060					

(12° Celsium im Mittel) — (17° Celsium im Mittel)

Wie wir gesehen haben, sind die Betriebsergebnisse des verflossenen Jahres andauernd günstig gewesen. Die Wirkungsgrade der Umformer und der Akkumulatoren haben sich den vertragsmässigen Leistungen entsprechend bewährt. Der anfänglich mit 10% vorgesehene Verlust in der Fernleitung hat trotz der intensiven Produktion diese Ziffer nie überschritten, sondern ist im Gegenteil durch Anschaffung eines zweiten Fernleitungskabels auf 7% herabgedrückt. Die in der Belastung der beiden Dreileiterhälften aufgetretenen Unterschiede wurden, wie schon erwähnt, durch Aufstellung einer Ausgleichdynamo kompensiert und damit der Wirkungsgrad der Akkumulatoren erhöht.

Durch die bedeutende Abkürzung des Maschinenbetriebes wurden grosse Ersparnisse an Löhnen, Kohlen-, Schmier- und Putzmaterial, sowie an Unterhaltungskosten erzielt. Nehmen wir als Beispiel den Ölverbrauch: derselbe betrug im verflossenen Jahre für Dampfmaschinen, Pumpen und elektrische Maschinen insgesamt 9956 kg. Es ergiebt sich also für jede Stunde, während welcher die Maschinen im Betriebe waren, ein Verbrauch von 2,6 kg, was anderen Anlagen gegenüber als sehr gering bezeichnet werden muss.

Im Durchschnitt verbrauchte jede grosse Dampfdynamo ungefähr 1,2 kg Öl pro Stunde.

Um den Wirkungsgrad der Dampfdynamos nach den pro kg Kohle erzeugten Wattstunden zu beurteilen, muss der Kohlenverbrauch der provisorischen Anlage (mit Lokomobilen) ausgeschieden werden.

Mit 1 kg Kohle wurden einschliesslich Anheizen erzeugt:

Im Durchschnitt des Monats Juli					619	Wattstunden
„	„	„	„	August	683	„
„	„	„	„	September	636	„
„	„	„	„	Oktober	601	„
„	„	„	„	November	503	„
„	„	„	„	Dezember	642	„

Der Vergleich mit den Resultaten anderer Elektrizitätswerke zeigt, dass die Betriebsverhältnisse des Elektrizitätswerkes der Budapester Allgemeinen Elektricitäts-Actien-Gesellschaft in jeder Beziehung günstig sind.

Die Zukunft kann sich ferner, nachdem die Anfangsschwierigkeiten überwunden sind, nur noch vorteilhafter gestalten.

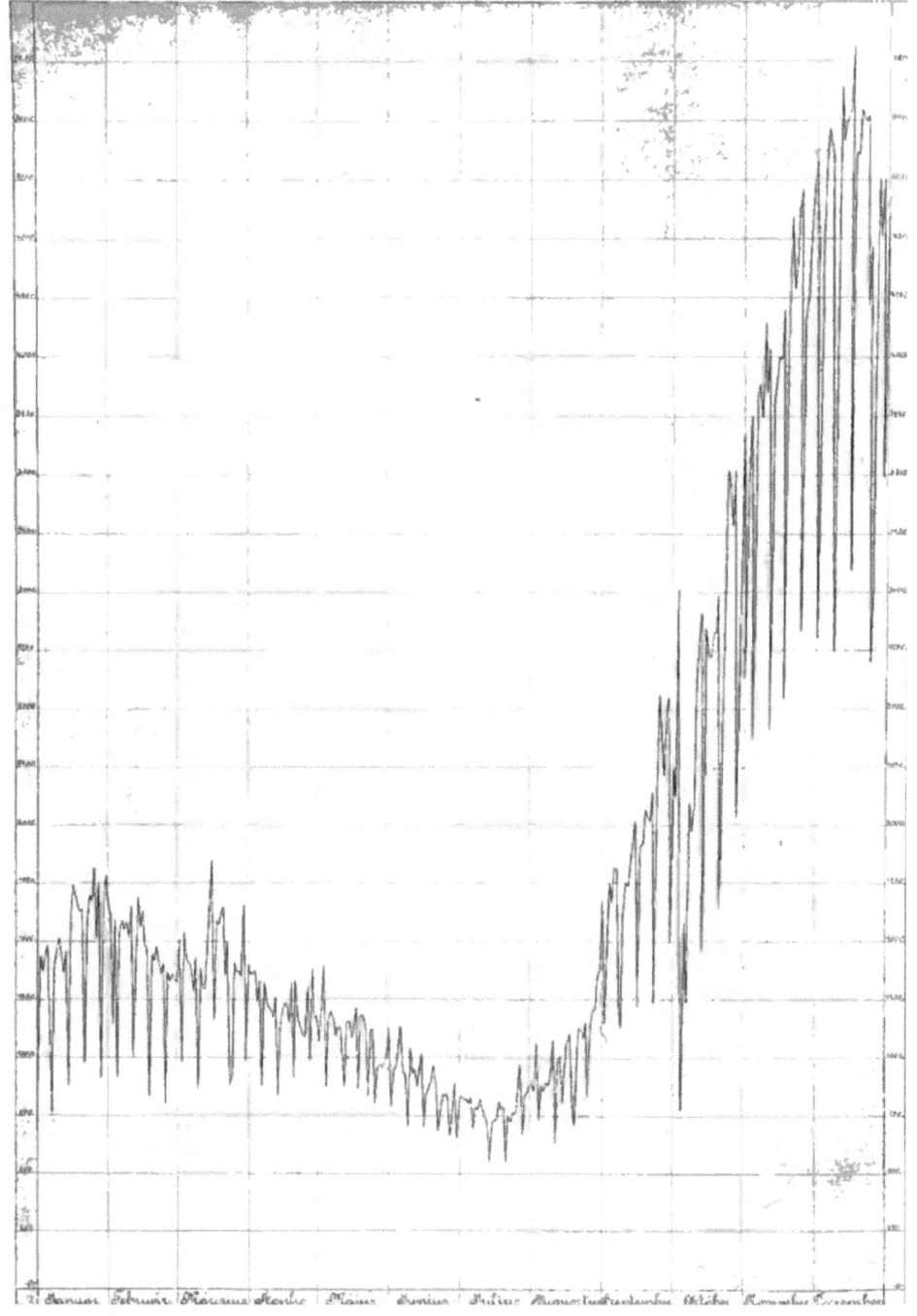

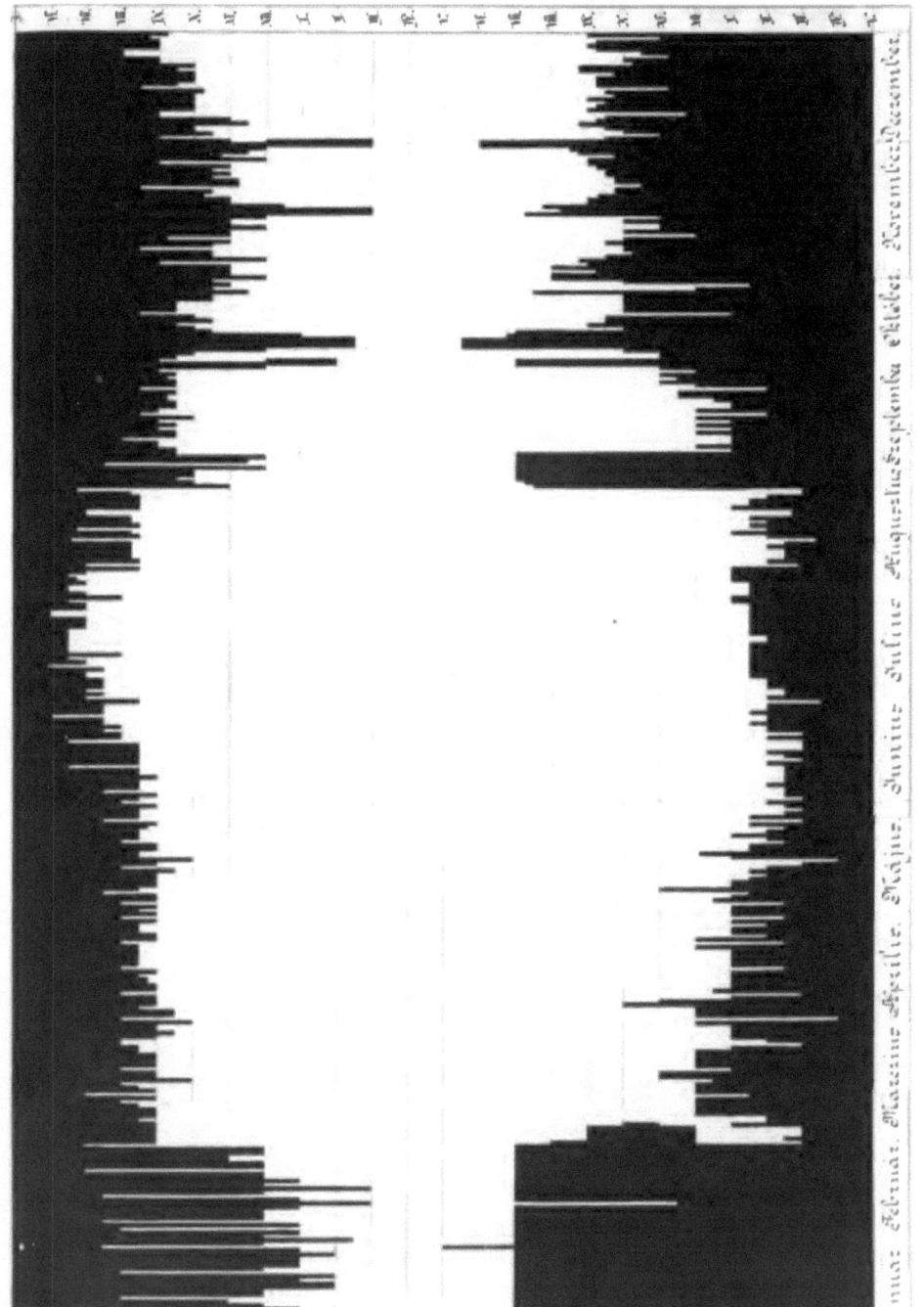

Januar. Februar. März. April. Mai. Juni. Juli. August. September. October. November. December.

Julius.	Augustus.	September.	Oktober.	November.	Dece

Julius	Augustus	September	Oktober	November	Dezember